Gertrud und Dr. Norbert Weidinger

Achtsamkeit für jeden Tag

Übungen und Rituale zur bewussten Lebensgestaltung

Kompakt-Ratgeber

W0178042

Haben Sie Fragen an Gertrud und Norbert Weidinger?
Anregungen zum Buch?
Erfahrungen, die Sie mit anderen teilen möchten?

Nutzen Sie unser Internetforum:
www.mankau-verlag.de

Impressum

Bibliografische Information der Deutschen Nationalbibliothek
Die Deutsche Nationalbibliothek verzeichnet diese Publikation in der
Deutschen Nationalbibliografie; detaillierte bibliografische Daten sind
im Internet über http://dnb.d-nb.de abrufbar.

Gertrud und Dr. Norbert Weidinger
Achtsamkeit für jeden Tag
Übungen und Rituale zur bewussten Lebensgestaltung
Kompakt-Ratgeber
ISBN 978-3-86374-261-4
1. Auflage November 2015

Mankau Verlag GmbH
Postfach 13 22, D-82413 Murnau a. Staffelsee
Im Netz: www.mankau-verlag.de
Internetforum: www.mankau-verlag.de/forum

Redaktion: Julia Feldbaum, Augsburg
Endkorrektorat: Susanne Langer M. A., Traunstein
Cover/Umschlag: Andrea Barth, Guter Punkt GmbH & Co. KG, München
Layout: X-Design, München
Satz und Gestaltung: Lydia Kühn, Aix-en-Provence, Frankreich
Energ. Beratung: Gerhard Albustin, Raum & Form, Winhöring

Abbildungen: thinkstock (1); aytuncoylum - Fotolia.com (4o, 6/7); Vielfalt21 - Fotolia.com
(4u, 18/19); crazymedia - Fotolia.com (5o, 68/69); kasto - Fotolia.com (5m, 90/91); ag-
sandrew - Fotolia.com (5u, 102/103); fragreg - Fotolia.com (12); andreusK - Fotolia.com
(15); yurakp - Fotolia.com (17); pixelrobot - Fotolia.com (23); rufar - Fotolia.com (24, 34);
sasel77 - Fotolia.com (29); anyaberkut - Fotolia.com (32); Iakov Kalinin - Fotolia.com (50);
psdesign1 - Fotolia.com (54/55); alswart - Fotolia.com (56); Africa Studio - Fotolia.com (59);
karandaev - Fotolia.com (61); maximillion - Fotolia.com (67, 100, 116); bananna - Fotolia.
com (76); Floydine - Fotolia.com (79); Mitmachfoto - Fotolia.com (83); Robert Kneschke -
Fotolia.com (86); johannesspreter - Fotolia.com (89); Giuseppe Porzani - Fotolia.com (92);
Jenny Sturm - Fotolia.com (95); pixelrobot - Fotolia.com (97); doris oberfrank-list - Fotolia.
com (98); Friedberg - Fotolia.com (101); michaeljung - Fotolia.com (106); Smileus - Fotolia.
com (111); tszabina - Fotolia.com (112/113); Hans-Jörg Nisch - Fotolia.com (121)

Zu den Zitaten auf den Seiten 86, 110 und 117: Der Verlag konnte trotz intensiver Recherche
die Rechteinhaber nicht ausfindig machen. Für Hinweise sind wir dankbar!

Druck: Westermann Druck Zwickau GmbH, Zwickau/Sachsen

»Ich bin ein Öko-Buch!«
Das im Innenteil eingesetzte EnviroTop-Recyclingpapier wird ohne zusätzliche Bleiche,
ohne optische Aufheller und ohne Strichauftrag produziert. Es besteht zu 100 % aus
recyceltem Altpapier und entstammt einer CO_2-neutralen Produktion. Das Papier trägt
das Umweltzeichen »Der blaue Engel«.

Hinweis für die Leser:
Die Autoren haben bei der Erstellung dieses Buches Informationen und Ratschläge mit
Sorgfalt recherchiert und geprüft, dennoch erfolgen alle Angaben ohne Gewähr. Verlag und
Autoren können keinerlei Haftung für etwaige Schäden oder Nachteile übernehmen, die sich
aus der praktischen Umsetzung der in diesem Buch vorgestellten Übungen ergeben.

Vorwort

In diesem Buch stellen wir Ihnen eine Auswahl von gut nachvollziehbaren praxisnahen Übungen und Ritualen der Achtsamkeit vor.

Wir möchten Sie anregen, Achtsamkeit neu zu entdecken

◇ als ein jedem Menschen geschenktes »Leitsystem«, das hilft, sich selbst, seinen Platz im Leben und sein inneres Gleichgewicht zu finden,

◇ als ein »Thermometer«, das bei Kälte oder Hitze misst, was unser Herz höher schlagen lässt, aber auch was uns bedrückt und woran es in uns selbst krankt,

◇ als eine Art »Frühwarnsystem«, das aufrüttelt aus sinnlos gewordenen Gewohnheiten, aus Hast oder Überlastung und das zu erkennen gibt, wann es Zeit ist für eine Unterbrechung.

Achtsamkeit will täglich mit Leib und Seele geübt werden wie ein Musikinstrument oder eine Sportart oder der Gesang der Mönche und Nonnen jedweder Religion.

Mit herzlichen Grüßen
Gertrud und Norbert Weidinger
Eichenau, November 2015

Inhalt

Was ist das, Achtsamkeit?

Warum ist Achtsamkeit so wichtig?

Was versteht man eigentlich darunter und –

kann ich Achtsamkeit erlernen und trainieren?

Eine Hinführung

Die Wörter »achtsam« oder »Achtsamkeit« verwenden Menschen in ihrer Alltagssprache eher selten. Aber in Gefahr ruft mancher: »Gib acht!«, wie Peter in Tschaikowskys musikalischem Märchen »Peter und der Wolf«. Der Junge warnt damit voller Panik den kleinen Vogel vor der sich anschleichenden Katze.

In kritischen Situationen gilt es, besonders achtsam zu sein, auch wenn das Wort nicht fällt:

- ✧ kurzfristig z. B. beim Bergsteigen, im Straßenverkehr oder am Krankenbett, wenn sekundenschnell und geistesgegenwärtig schwierige Entscheidungen zu treffen sind
- ✧ langfristig in Zeiten des Übergangs oder Umbruchs im Lebenslauf, z. B., wenn junge Menschen die Schule verlassen und sich für einen Beruf entscheiden oder wenn zwei eine Lebensgemeinschaft eingehen ...

Das Einbringen der Ernte erfordert die Achtsamkeit der Erntehelfer/innen, damit Äpfel, Birnen und andere Früchte ohne Druckstellen oder Abschürfungen bleiben, unbeschadet verkauft und genussvoll verzehrt werden können.

Achtsamkeit ist gefragt, wenn es z. B. um den sparsamen – eben achtsamen – Verbrauch des Wassers geht, also um den Erhalt für Menschen, Tiere und Pflanzen lebensnotwendiger, keineswegs unerschöpflicher Ressourcen auf unserer Erde.

Die Achtung der UN-Menschenrechtscharta, vor allem die Unantastbarkeit menschlichen Lebens, verlangt wache Achtsamkeit, wo immer deren Verletzung droht, wie z. B. in kriegerischen Konflikten oder bei erbarmungsloser Zurückweisung von Flüchtlingen.

WOZU DIENT ACHTSAMKEIT?

Leben braucht Achtsamkeit. Sie weckt das Innerste des Menschen, verstört, drängt auf Klärung, fragt nach Alternativen und setzt Handlungsimpulse.

Annäherung an einen facettenreichen Begriff

Um den Kern oder die Bedeutungsnuancen der Achtsamkeit zu erfassen, ist es sinnvoll, sich ihr über benachbarte Begriffe in unserem alltäglichen Sprachgebrauch anzunähern. Diese umschreiben das Wort »achtsam« und geben Hinweise zu seinem besseren Verständnis wie z. B. die Eigenschaftswörter sorgsam, einfühlsam, behutsam, empfindsam, feinfühlig, aufmerksam, wertschätzend, ehrfürchtig, hellhörig, umsichtig, vorsichtig, geistesgegenwärtig, bewusst, überlegt, abwägend, ausgewogen …
So auch die dazugehörigen Tätigkeitswörter wie wahrnehmen, ernst nehmen, aufmerken, erspüren, nachspüren, sich konzentrieren, sich fokussieren …

Wer diese Wörter gebraucht, grenzt sich ab von der Un-Achtsamkeit und Un-Aufmerksamkeit ebenso wie von der Zerstreutheit, geistigen Abwesenheit oder Gleichgültigkeit, die alles unüberlegt und als selbstverständlich hinnimmt. Er plädiert für einen zarten, beherzten und bewussten Umgang mit den Herausforderungen des Lebens, die sich jedem tagtäglich als Stolpersteine in den Weg legen, aber auch den Weg in die Zukunft weisen.

Religionsgeschichtliche Hintergründe

Mit der Klärung des Begriffs und der Bedeutung der Achtsamkeit für das menschliche Leben beschäftigen sich einerseits Wissenschaftler unterschiedlicher Richtungen, andererseits weise Männer und Frauen durch tägliche, oft lebenslange, im weitesten Sinn meditative Übungen und Praktiken. In beider Fahrwasser bemühen sich Pädagogen sowie Lehrkräfte in Erziehung und Unterricht um die Hinführung junger Menschen zur Achtsamkeit.

Sprachforscher und Etymologen, wie z. B. Friedrich Kluge, suchen und untersuchen die Wortwurzel »acht« oder »Acht«. Sie führen sie zurück auf das althochdeutsche *ahta* bzw. das mittelhochdeutsche *aht(e)*. Beides meint im ursprünglichen Sprachgebrauch »Be-achtung«, »beachten«, »achten« oder »achtbar«. Die weitere Herkunft wird als unklar bezeichnet.

In anderen Wörterbüchern versuchen die Autoren Sinn und Bedeutung zu erschließen über »sich in Acht nehmen« (also: vorsichtig sein, aufpassen) oder »etwas in Acht nehmen« (d. h. mit etwas vorsichtig sein, auf etwas aufpassen).

Psychologen und Psychotherapeuten entdeckten Anfang der 70er-Jahre die Achtsamkeit *(mindfulness)* als Schlüsselbegriff. Ihre Arbeiten stehen unter anderem im Zusammenhang mit der Erforschung und der Therapie von Stress und seinen Folgen. Zahlreiche Bücher sind darüber entstanden. Eines (von Linda Lehrhaupt) beginnt mit dem Zitat des Mediziners, Zen- und Yoga-Meisters Jon Kabat-Zinn: »Achtsamkeit ist die Bewusstheit, die entsteht, indem wir im gegenwärtigen Moment absichtlich und ohne zu urteilen aufmerksam sind.« Zum Erreichen der Achtsamkeit werden Atemübungen, Sitz- oder Schreite-Meditationen und andere Rituale empfohlen, wie sie im buddhistischen Mönchtum seit 2.500 Jahren beheimatet sind.

Die Wurzeln für die Entdeckung der Achtsamkeit liegen also in der Begegnung des Westens mit weisen Männern und Frauen des Ostens, die aus dem Geist des Hinduismus und Buddhismus leben. Neben Jon Kabat-Zinn werden oft Saki Santorelli und Tich Nhat Hanh genannt.

SINNSPRUCH

Richtige Achtsamkeit bedeutet, immer achtsam und sich bewusst sein, was man tut, denkt und fühlt.
Damien Kewon

Selbst die Beatles wurden von dieser Faszination erfasst und unterzogen sich in Indien meditativen Übungen. In dieser Phase schrieb George Harrison seinen Song »My Sweet Lord«, der mit einem Hare-Krishna-Mantra endet. Viele spirituelle Gruppierungen oder Schulen gingen aus dieser Begegnung hervor und überziehen seither die Welt. Die Übung der Achtsamkeit hat ihr Zentrum in der buddhistischen Lehre vom achtfältigen Pfad.

Aber ist Achtsamkeit auch in der jüdisch-christlichen Tradition selbst verankert? Aus unserer Sicht: ja, auf etwas andere Weise.

Dazu können zwei Bibelstellen beispielhaft herangezogen werden: 1. Die Neuinterpretation des Schöpfungshymnus des Alten Testaments mit dem Auftrag Gottes

Buddhistische Mönche üben sich tagtäglich in Achtsamkeit.

an den Menschen (Genesis/1. Buch Mose 1, 26–27), die Schöpfung zu behüten und zu bewahren und 2. Jesu religionskritisches Gleichnis vom barmherzigen Samariter (Lukas 10, 25–37).

Im Gleichnis vom barmherzigen Samariter kritisiert Jesus die Achtlosigkeit der offiziellen Religionsvertreter: Sie sahen den unter die Räuber geratenen und halb tot geschlagenen Wüstenwanderer auf dem Weg von Jerusalem nach Jericho »und gingen weiter«.

Ganz anders handelt der als nicht rechtgläubig geltende Mann aus Samaria. »Als er ihn sah, hatte er Mitleid«, leistete Erste Hilfe, brachte ihn in eine Herberge und stattete ihn fürsorglich aus, damit er genesen und weiterleben konnte. Er erachtet den Hilfsbedürftigen als seinen Nächsten, den ihm Nächsten, der seiner liebend zugewandten Aufmerksamkeit und Hilfe dringend bedarf.

Aus dieser Grundidee Jesu entstanden Orden mit weisen Männern und Frauen, die noch heute Mönch-

SINNSPRUCH

Nächstenliebe

Der jüdisch-christliche Glaube an die Einheit von Selbst-, Nächsten- und Gottesliebe braucht die Achtsamkeit als Initialzündung, um wirksam werden zu können:
»Was ihr dem Geringsten getan habt, habt ihr mir getan!«
Matthäus 25, 40

tum, Meditation und barmherziges Handeln in Einklang bringen. Auch wenn geschichtlich betrachtet Achtsamkeit ihre Wurzeln in der Weisheit der Völker und der Religionen hat, lässt sie sich als Prinzip einer offenen, aufgeschlossenen Lebensgestaltung ohne feste Anbindung an eine Religion verwirklichen, so auch aus einer rein humanistischen Überzeugung.

Ziel und Wirkung der Achtsamkeit

⬦ Achtsamkeit verstehen wir als eine seelische Kraft, auf die jeder Mensch zurückgreifen kann, damit sein Leben gelingt. Sie befähigt das Individuum, tagtäglich in Beziehung zu sich selbst zu treten, sich seiner Wurzeln, Herkunft und Zukunft im Auf und Ab der Ereignisse zu vergewissern. Die Achtsamkeit leitet dazu an, seinen Platz zu finden, sich zu ändern, an Widerständen und Schicksalsschlägen zu wachsen, sich aus innerer Sehnsucht neue Ziele zu setzen und über sich selbst hinauszuwachsen hinein in neue Horizonte, ohne die hemmende Angst, sich zu verlieren.

⬦ Achtsamkeit bedeutet, neu in Beziehung zu treten zur Mitwelt, zu den Mitmenschen, den eigenen Eltern, Kindern, dem Freundeskreis – und diese Beziehung sorgsam zu pflegen und wachsen zu lassen. Sie leitet dazu an, die Mitwelt und sich selbst vor Fehlentwicklungen und Bedrohungen zu schützen und trotz Rückschlägen zuversichtlich vorwärtszuschreiten.

✧ Achtsamkeit hilft dabei, täglich in Beziehung zu treten zur Umwelt, zur Natur als Lebensbasis für Pflanzen, Tiere, Menschen. Sie spornt an zu einem schonenden Umgang mit den vorhandenen Ressourcen und weckt die Kreativität des menschlichen Geistes. So können Fehlentwicklungen, die das Leben auf unserem Planeten Erde bedrohen, aufgespürt und ausgeräumt werden.

✧ Achtsamkeit hilft dabei, immer wieder die Beziehung zu suchen und zu pflegen – mit dem gesamten Kosmos, mit seinen enträtselten und seinen ungelüfteten Geheimnissen. So erwächst die Frage nach Sinn, nach Transzendenz, nach einem transzendenten Wesen und nach einem personalen oder transpersonalen Gott.

Achtsamkeit ist eine wertvolle Ressource. Sie zu üben, ist wie der Gang zu einer Quelle, um frisches Wasser zu schöpfen und dann mit neuer Kraft aufzubrechen – mehrmals am Tag.

Was Sie im Folgenden erwarten können

Die praktischen Übungen zur Förderung der Achtsamkeit bilden den Kern dieses Ratgebers. Sie unterscheiden sich durch

⟡ die Länge, also auch den erforderlichen Zeitumfang,
⟡ die Ansprüche körperlicher, mentaler oder geistig-geistlicher Art,
⟡ ihre Zielbereiche (ich selbst, die anderen und das Miteinander ...) und
⟡ die ursprünglichen Quellen (Aufmerksamkeits-/Konzentrationstraining aus der Psychologie, Qigong, Shibashi, Kinesiologie, Sport, Musik, Burnout-Prophylaxe, östliche und andere Entspannungstechniken, Zen-Buddhismus, jüdisch-christliche Tradition).

Alle Übungen bilden einen bunten Strauß an Möglichkeiten, aus denen Sie auswählen und Neues für sich gestalten können. Alle sind einfach gehalten. Sie verweisen aber auch auf intensivere Weiterführung (siehe Literatur-/Adressenverzeichnis im Anhang). Die Übungen sind auf regelmäßige Wiederholung angelegt, damit Achtsamkeit zu einer Grundhaltung werden kann, die Ihre Persönlichkeit auszeichnet.
Eingestreute Erzählungen und Sinnsprüche verweisen auf den geistig-geistlichen Ursprung. Jede Übung bleibt

nicht Selbstzweck, sondern atmet die Freiheit des menschlichen Geistes – in Resonanz zur Transzendenz und zum Sein, das uns umgibt.

WAS SIND RITUALE?

In allen Humanwissenschaften bezeichnet der Begriff »Rituale« Übungen mit den Merkmalen:

- klare(r) Anfang, Abfolge, Schluss (z. B. Gong-/Glocken-schlag, Übungsanleitung)
- regelmäßiges Wiederholen/Üben
- spezifische Gebärden, Zeichen, Symbole als Gestal-tungsmittel (z. B. sitzen, gehen, stehen, Baum, Kerze)
- bestimmte Tages-, Jahreszeiten, Feste (z. B. Morgen, Frühling, Jahreswechsel)
- stets gleicher Ort (z. B. zu Hause, auf einer Wiese, an einem Ort der Stille)

Aufgrund dieser Merkmale entfalten Rituale jene ver-ändernde Kraft, die sich Menschen erhoffen, die solche Achtsamkeitsübungen bewusst, frei und ohne Zwang-haftigkeit für sich in Anspruch nehmen.

Achtsam sein
mit sich selbst

Sind Sie achtsam genug mit sich, Ihrem Körper,

Ihren Gedanken, Gefühlen und Ihrer Seele?

Kümmern Sie sich um ihre eigenen Wünsche,

Träume und Sehnsüchte?

Sei ganz bei dir

Ein in der Zen-Meditation erfahrener Mönch
wurde von einem Zeitgenossen gefragt:
»Welche Übung ist dir im Laufe der Jahre am
wichtigsten geworden?«
Er antwortete:
»Wenn ich schlafe, schlafe ich. Wenn ich stehe, stehe ich.
Wenn ich sitze, sitze ich. Wenn ich gehe, gehe ich.
Wenn ich esse, esse ich. Wenn ich arbeite, arbeite ich.
Wenn ich still bin, bin ich still.«
Der Zeitgenosse ist verblüfft und sagt:
»Das ist nichts Besonderes. Das tue ich auch.«
Da antwortet ihm der Mönch:
»Nein! Wenn du schläfst, stehst du schon auf.
Wenn du sitzt, gehst du schon. Wenn du isst, arbeitest
du schon ...«
Quelle unbekannt

SINNSPRUCH

Wer achtsam lebt, wahrnimmt, was ist, tritt aus der Schein-
welt seiner Illusionen, Vorstellungen und Gedanken heraus,
in die er sich verstrickt hat. Er konzentriert sich auf Kämpfe,
die er gewinnen kann, und führt nicht mehr diejenigen, die
von vornherein aussichtslos sind.
Matthias Stöbener © 2002 Pattloch Verlag, München

Im Laufe des Tages

Den Morgen begrüßen

Anfang und Ende eines Tages sind wichtige Stationen im Rhythmus eines Menschen: Die Körperhaltung verändert sich z. B. am Morgen vom Liegen zum Stehen, der Blutdruck fährt hoch, der Puls nimmt Fahrt auf, die Sinne erwachen und bereiten sich auf neue Impulse vor …

Solche Stationen sollen möglichst bewusst wahrgenommen und als Ritual gestaltet werden. Sie geben ein gutes Gespür für das Kommende oder das jeweils Vergangene. Gönnen Sie sich einige Augenblicke oder Minuten ganz für sich allein, um das Erwachen mit allen Sinnen zu genießen!

Lassen Sie Ihre Augen zunächst noch geschlossen. Hören Sie auf Ihren Atem, hören Sie auf die Geräusche um Sie herum, auf Laute von außen. Nehmen Sie den neuen Tag über Ihre Ohren einfach nur einige Zeit lang wahr – ohne dass Sie Geräusche identifizieren oder orten und zuordnen müssen.

Nun öffnen Sie die Augen und nehmen das Licht des neuen Tages auf: Betrachten Sie Licht und Schatten, Wand und Decke, vielleicht ein Bild – so, als würden Sie zum ersten Mal in diesem Zimmer aufwachen.

Spüren Sie nun Ihren Körper, von oben bis unten, von den Haarspitzen zu den kleinen Zehen, von rechts nach links, vom kleinen Finger der rechten bis zum kleinen Finger der linken Hand. Drücken Sie in dieser Reihenfolge die einzelnen Körperteile sanft in die Matratze. Lassen Sie alle Körperteile leicht angespannt, bis Sie die gesamte Körperspannung spüren. Der Atem sollte dabei ruhig fließen. Lösen Sie nun die Körperspannung und atmen Sie tief und langsam aus. Mit dem folgenden neuen Einatmen ist ein neuer bewusster Tagesanfang gesetzt. Der gesamte Körper ist so bestens aufs Aufstehen programmiert.

Nach dem Aufstehen ist es gut, wenn Sie das Fenster kurz ganz öffnen, den neuen Tag mit ein paar Atemzügen beschnuppern, den Körper um die Längsachse pendeln lassen mit herabhängenden Armen und vielleicht noch eine schöne Musik dazu hören (z. B. die »Morgenstimmung« von Edward Grieg): Der neue Tag kann kommen!

SINNSPRUCH

Nimm diesen Tag.
Gestern ist Vergangenheit, auf dem Weg zur Erinnerung.
Morgen ist Zukunft. Nah und ganz fern.
Nimm diesen Tag.
Er ist dein Leben.
Atme tief ein und lächle beim Ausatmen.
Nimm diesen Tag.
Atme tief ein und lächle beim Ausatmen.
Er ist die Gegenwart, dein Leben und dein Sinn.
Quelle unbekannt

Mein Spiegelbild begrüßen

Haben Sie einen schönen Spiegel im Bad? Dann haben Sie alles, was Sie brauchen. Betrachten Sie sich behutsam, es gibt nämlich täglich viel zu entdecken. Können Sie etwas Neues in Ihrem Spiegelbild entdecken? Vielleicht eine Lachfalte mehr oder gar eine Kummerfalte? Schaut Sie im eigenen Spiegelbild ein Stück Leben mehr an? Was sagen die Augen, der Mund, die Ohren und die Nase dazu?

Gehen Sie achtsam mit dem eigenen Spiegelbild um, genießen Sie Ihr einmaliges Gesicht und lächeln Sie sich im eigenen Spiegel aufmunternd zu!

SINNSPRUCH

Spiegelungen
Immer wieder aus dem Spiegelglase
holst du dich dir neu hinzu;
ordnest in dir, wie in einer Vase,
deine Bilder. Nennst es du
dieses Aufblühn deiner Spiegelungen,
die du eine Weile leicht bedankst,
eh du sie, von ihrem Glück bezwungen,
deinem Leibe wiederschenkst.

Rainer Maria Rilke

Die Betrachtungsweise wechseln

Vielleicht sind Sie heute mit dem Gefühl aufgewacht:
»Ach, wieder so ein Tag wie tausend andere: die gleichen
Sorgen, die gleichen Kollegen, die gleiche Arbeit, alles
wie immer. Business as usual! Alles grau in grau!«
Aber mit einer Änderung der Betrachtungsweise und
der eigenen Erwartung lässt sich die Achtsamkeit neu
beleben. Konzentrieren Sie beim Durchschauen Ihrer
Aufgabenliste den Blick auf die Fragen: Welche neue
Herausforderung für mich steckt darin? Wo könnte eine
Überraschung versteckt sein?
Packen Sie diese Aufgabe zuerst an und Sie haben den
Einstieg geschafft und Farbe ins graue Einerlei gebracht.

Die Arbeit beginnen

An der Universität hatte ich einen Professor, der legte
mit seiner Vorlesung nicht einfach los. Er begrüßte uns
freundlich und forderte uns höflicher auf: »Nehmen Sie
sich Zeit, schließen Sie Ihre Augen, legen Sie Ihre Hände
ruhig auf den Tisch, nehmen Sie Abstand von dem, was
kurz vorher war …, atmen Sie zehnmal ganz ruhig durch
und erinnern Sie sich kurz an meine letzte Vorlesung,
lenken Sie dann die Aufmerksamkeit auf das, was heute
kommen sollte …« Danach bedankte sich unser Profes-

sor und schloss mit dem Worten: »Diese drei Minuten sind gut angelegte Zeit. Jetzt sind wir alle startklar. Ich beginne …!«

Dieses Ritual können Sie, so es Ihnen zusagt, zu Ihrem eigenen machen. Wenn Sie ganz für sich sind, können Sie es dadurch erweitern, dass Sie zuerst eine Kerze entzünden und Ihren Blick auf die Flamme fokussieren. Der übrige Ablauf bleibt. Am Ende löschen Sie die Kerze, schalten Ihren Computer ein und fangen an zu arbeiten.

Den Mittag gestalten

Die Weisheitsliteratur der Wüstenmönche warnt eindringlich vor dem »Dämon des Mittags«, der müde und träge macht. Auch wenn Sie vielleicht nicht an den Mittagsdämon glauben, spüren Sie mittags wahrscheinlich, dass Sie eine kräftigende Pause brauchen, um bei einem Spaziergang oder auf der Parkbank frische Luft zu schnappen oder bei einem Café-Besuch (mit Freunden) »Luft abzulassen«.

Schärfen Sie durch das Einlegen einer Pause Ihre Selbstwahrnehmung und Selbstachtung, indem Sie bewusst Abstand schaffen zum Vorangegangenen. Halten Sie inne und lassen Sie Ihren Gedanken und Gefühlen kurzzeitig freien Lauf.

Denn wer auf sich, auf die Empfindungen seines Körpers und seiner Seele achtet, versteht, wohin die Hände greifen und die Füße gehen wollen. Er wird unabhängiger von den Anforderungen anderer.

Am Feierabend die Arbeit abschütteln

Die folgende Körperübung habe ich bei einer Sportfort-
bildung erlebt. Eigentlich stammt sie aus dem Bereich
des Qigong. Ich habe sie für mich etwas variiert und
mehrfach ausprobiert. Nach einem anstrengenden
Arbeitstag, der vollgepackt war und ausgefüllt mit Herausforderungen, hat sie mir geholfen, das Unnötige
und Belastende aus dem Arbeitsleben abzuschütteln
und frei zu werden für ein Auftanken am Abend.

WAS IST QIGONG?

Qigong ist eine chinesische Meditations-, Konzentra-
tions- und Bewegungsform zur Kultivierung von Körper
und Geist. Zur Praxis gehören Atemübungen, Körper-
und Bewegungsübungen, Konzentrationsübungen und
Meditationsübungen.
Die Übungen sollen der Harmonisierung und Regulie-
rung des Qi-Flusses (Energiefluss) im Körper dienen. Der
Ursprung der Übungen liegt weit zurück, Wissenschaftler
reden von der Zeit der Han-Dynastie. Die Bezeichnung
Qigong für diese Übungen findet jedoch erst seit den
1950er-Jahren Verwendung, und die unterschiedlichen
Stilarten des Qigong sind zum Teil ganz neue Entwick-
lungen, die jedoch auf den jahrtausendealten Traditio-
nen basieren.

Sorgen Sie zunächst für eine Musik, die nicht zu schnell, laut und aufdringlich, aber trotzdem rhythmisch und melodiös ist und die Sie zugleich animiert, sich zu bewegen (z. B. Musik aus Lateinamerika).

Stellen Sie einen Wecker auf zwei bis drei Minuten, und legen Sie sich mit dem Rücken auf eine glatte, nicht zu dünne Matte (gute Yogamatte).

Versuchen Sie nun liegend, alle Körperteile ganz locker zu schütteln. Das sind kleine Bewegungen! Achten Sie besonders auf das Becken! Es soll möglichst locker mit der Musik in kleinen Bewegungen hin- und herschwingen. Bleiben Sie locker! Anfangs ist das gar nicht so leicht, aber wenn Sie diese Feierabendübung regelmäßig durchführen, werden Sie immer frischer in den Abend durchstarten können!

Die warme Flasche

Sind Sie heute mit schwerem Kopf und verspanntem Nacken heimgekommen und wollen jetzt nur noch Ihre Ruhe haben?

Dann ist folgende Übung die ideale Entspannung für Sie: Breiten Sie eine kuschelige Decke auf der Yogamatte aus, bereiten Sie eine warme Wärmflasche vor, platzieren Sie diese auf ein Kissen auf der Decke, legen Sie sich bequem hin und schieben das Wärmflaschenkissen unter Ihren Nacken. Bleiben Sie so lange liegen, wie es Ihnen guttut. Genießen Sie diese Zeit mit geschlossenen Augen!

Sie werden sehr schnell Entspannung fühlen.

Den Tag beschließen: die Sternenspardose

Haben Sie eine schöne goldene Schachtel, so eine richtige Schatzkiste? Dann kaufen Sie sich doch in der Adventszeit einen Vorrat an kleinen goldenen Sternen, mindestens 365 Stück! Das ist Ihr Jahresvorrat.
Vor dem täglichen Schlafengehen halten Sie kurz inne und überlegen: Gibt es für den heutigen Tag ein Ereignis, eine Begegnung, eine Sache, die mir unscheinbar und klein den vergangenen Tag verschönt, versüßt, erträglich gemacht hat? Einen Stern also?
Sammeln Sie die kleinen Sterne in dieser goldenen Schatzkiste wie in einer Spardose. Sie werden sehen, was sich alles ansammelt!

Er-Lesenes für meine tägliche Schatzkiste

Für viele Menschen ist das Lesen eines Buches das Lebenselixier schlechthin – auch wenn Bücher heute mediale und digitale Konkurrenz haben. Im Grunde lassen sich jedoch alle Quellen der Inspiration konkurrenzlos für diese Übung miteinander kombinieren. Die Übung will dazu anregen, »erlesenes Er-Lesenes« nicht achtlos der Vergessenheit anheimfallen zu lassen.
Legen Sie sich ein Heft oder ein schön gebundenes Buch mit leeren Seiten zu oder kreieren Sie in Ihrem PC/ Laptop/Notebook ein Verzeichnis mit untergeordneten Dateien.
Die Absicht ist, darin besonders schöne Zitate, neue Wortschöpfungen, Sprachbilder, Bonmots oder auf-

schlussreiche Sinndeutungen zu sammeln, denen Sie in einer stillen Stunde gerne noch einmal auf den Grund gehen und mehr als nur augenblickliche Beachtung zukommen lassen möchten.

Tragen Sie diese Inspirationen sorgsam ein und machen Sie bei jeder Wieder-Begegnung einen Datumsvermerk. Trägt das »Er-Lesene« über den ersten »Augen-Blick« hinaus? Steigert es meine Achtsamkeit und Lebensquali-tät nachhaltig oder entpuppt es sich als »Eintagsfliege«? Sie können die »Eintagsfliegen« kennzeichnen.

Mit der Zeit werden Sie sich selbst durch diese Übung besser kennenlernen und daran ablesen können: Wie hat sich mein Augenmerk mit den Jahren verschoben? Was hat sich bewährt, was hat mich wirklich lange begleitet und wachsen lassen?

Die Schatzkiste, die auf diese Weise entsteht, würde Viktor Frankl als »Scheune« bezeichnen, in der Ihre ganz persönliche Lebens-Ernte unlöschbar und einmalig geborgen ist.

»Eine weise Frau bietet Pfirsiche an«

Der blumige Titel dieser Übung beschreibt auch schon den Charakter dieser Shibashi-Übung: Es geht um eine kluge Frau. Sie bietet eine zarte, duftende, reife Frucht an, zum Verzehren und Genießen: Nicht sensationell, nein in gediegenem Tempo, ohne Hetze, achtsam und weise. Vielleicht sind das die Früchte des Tages, die Sie sich selbst anbieten? Vielleicht ist das die Achtsamkeit, die dieser Tag, die Ernte überblickend, verdient hat?

Die Übung kann Ihnen helfen, den Stress des vergangenen Tages zu verarbeiten, die Nerven zu beruhigen und in einen gesunden Schlaf zu finden.

Ihre Füße stehen locker und schulterbreit fest auf der Erde. Beide Arme hängen locker nach unten.

WAS IST SHIBASHI?

Shibashi bedeutet »Meditation in Bewegung« und stammt wie Tai Chi und Qigong aus der chinesischen Heilkunst. Es gibt 18 einfache Shibashi-Grundübungen. Alle tragen sie naturbezogene Namen. Shibashi will eine ruhige innere Aufmerksamkeit wecken. Die Übungen helfen, Spannungen loszulassen, wieder ganz – mit Körper, Seele und Geist – offen und lebendig im Leben zu stehen, verbunden mit dem göttlichen Lebensatem in uns und in allem.

Öffnen Sie beide Arme etwas zur Seite und führen Sie den rechten Arm in einem Halbkreis nach unten über die Körpermitte zur linken Körperseite auf Taillenhöhe. Bieten Sie in der geöffneten rechten Hand den Pfirsich an. Bleiben Sie auf Taillenhöhe und bewegen Sie den rechten Arm wieder zur rechten Körperseite.

Stellen Sie sich als Bewegung einen Halbkreis vor: von rechts unten nach links oben bis zur Taille und von links wieder nach rechts einen Halbkreis vor dem Körper.

Nachtruhe finden: den Tag »durch-kauen«

Eine Kollegin erzählte mir in einem vertraulichen Gespräch: »Ich habe mir ein persönliches Ritual angewöhnt. Seitdem kann ich gut schlafen. Ganz zum Abschluss des Tages hole ich mir einen Apfel aus dem Obstkorb, dazu ein Obstmesser, und setze mich noch einmal in aller Ruhe an den Tisch. Während ich den Apfel schäle, durchwandere ich in meinen Gedanken den heutigen Tag – von früh bis spät. Ich schneide mir bei den Dingen, die mir gut gelungen sind, ein Apfelstück ab und erfreue mich beim Kauen daran, lasse mich durch die Erinnerung tragen, bin dankbar. Bei den Dingen, die noch der Nachbearbeitung bedürfen, schneide ich ein besonders dickes Apfelstück ab und esse es in aller Ruhe – als Stärkung für morgen. So kaue ich den ganz Tag durch, verabschiede ihn und lege mich zur Ruhe.«

Diese kurze Geschichte gibt Ihnen bereits die Regieanweisungen zum Üben.

In den Traum reisen

Die innere Vorstellung ist ein ungeheuer starkes Werkzeug, um eine Balance zwischen Körper, Seele und Geist zu gewinnen.

Stellen Sie sich Ihren Lieblingsort vor, oder erfinden Sie Ihren Wohlfühlort in der Fantasie. Suchen Sie ihn in Gedanken auf. Achten Sie auf die Einzelheiten des Ortes: Wonach riecht es? Welche Gegenstände oder Gebäude sind vorhanden? In welcher Farbe, in welchem Zustand? Wie bequem sind die Dinge? Wie sieht die Umgebung aus? Gibt es einen Strand? Ist er einsam und verlassen? Gibt es eine Hängematte dort …

Jeden Abend vor dem Einschlafen können Sie Ihren Wohlfühlort aufsuchen, ihn genießen und dann entspannt und mit guten Gedanken einschlafen.

Visualisieren Sie in Gedanken Ihren Traumort!

Blitzentspannung auch in der Nacht

Spannen Sie möglichst alle Muskeln des Körpers an, so fest es geht.

Halten Sie dabei fünf Sekunden lang die Luft an.

Atmen Sie dann schnell und kräftig alle Luft durch den Mund aus. Der nächste Atemzug stellt sich ganz von allein wieder ein.

Mit dieser Übung können Sie jederzeit und blitzschnell Anspannungen aus Ihrem Körper lösen und ruhig in den Schlaf finden.

Ruhen in unruhiger Nacht

Es gibt Nächte, die nicht enden wollen. Man liegt im Bett, die Gedanken verselbstständigen sich, kreisen, überschlagen sich, halten uns auf Trab.

Meist passiert das nach einem hektischen Tag, der für die Gedanken noch nicht ganz beendet ist.

Ich habe mir eine eiserne Regel angewöhnt:

Egal wie spät es ist, ich setze ich mich am Ende des Tages noch einmal auf unser Sofa und trinke ein Glas Wasser – oder auch Wein. Dabei lasse ich den Gedanken freien Lauf, ich beobachte allerdings, ob ein Gedanke immer wieder auftaucht. Den notiere ich mir, damit er mich nicht nachts belästigt.

Zu diesem Ritual gehört auch zu verfolgen, wie sich mein Glas bei jedem Schluck weiter leert, und mir zu wünschen, dass auch mein Kopf entsprechend leer wird.

Dieses Ritual war mir oft schon hilfreich.

Wenn der Schlaf nicht kommen will

Wenn ich nachts gar nicht zur Ruhe komme, sorge ich zunächst für eine angenehme Liegeposition und spreche mir selbst halblaut und langsam immer wieder Bekräftigungen zu:

»Ich ruhe entspannt, ich muss nicht unbedingt schlafen, es genügt mir, nur auszuruhen ...«

Eine weitere Übung lässt sich mit dem Bild von Wolken und Bergen verdeutlichen: »Wie ein Berg die Wolken an sich vorbeiziehen lässt, so lasse ich die Gedanken ziehen. Ihr Gedanken dürft kommen und dürft auch gleich wieder weiterziehen.«

Hilfreich ist mir auch folgendes Gedankenspiel:

Ich bin am Sandstrand.

In weiter Ferne, an der Düne, liegt ein besonderer Stein. Ganz schemenhaft kann ich ihn erkennen. Ich zoome ihn langsam heran und betrachte ihn intensiv: seine Farbe, seine Form, vielleicht sind Adern zu erkennen, Sandstäubchen ...

Ich befühle den Stein, die Temperatur, die Oberfläche, die Größe, liegt er gut in der Hand?

Dann lasse ich den Stein langsam wieder aus den Augen, gebe ihn wieder in die Ferne, verfolge seinen Weg, bis er wieder an seinem ursprünglichen Platz ist.

Ich kann ihn noch erkennen als winzigen Punkt am Horizont ...

In der Unruhe des Alltags

Gerade im Chaos des Alltags ist es wichtig, achtsam mit sich selbst umzugehen. Da ist es notwendig, aus dem Hamsterrad wenigstens für eine kurze Zeit auszusteigen, den Trott zu unterbrechen und aufzutanken.
Drei Schritte bieten sich dazu an: wahrnehmen, was ist, innehalten und dann über den nächsten Schritt entscheiden.

STOPP!

Unterbrechen bedeutet, herauszugehen aus dem momentanen Geschehen und diesem die Aufmerksamkeit zu entziehen. Das beginnt mit einer bewussten Unterbrechung, mit einem innerlichen »Stopp« – einem Bruch. Danach finden es viele Menschen hilfreich, wenn sie sich bewusst auf ihre verschiedenen Sinne und Wahrnehmungsbereiche konzentrieren und sich etwas Neuem, ganz anderem zuwenden. Alle Unterbrechungsübungen haben das Ziel, Abstand zu gewinnen und zu sich zu kommen.

Die folgenden Übungen haben sich vielfach bewährt, wenn es darum geht, die Arbeit zu unterbrechen und zwischendurch einen Punkt zu setzen:

Sich in sich selbst verwurzeln

Diese Übung ist auch schon für Schulkinder geeignet. Sie verleiht schnell innere Ruhe und ist jederzeit und an jedem Ort praktizierbar.

Suchen Sie sich einen ruhigen, hellen und angenehmen Ort. Stellen Sie sich mit geschlossenen Beinen und Füßen hin, den Blick geradeaus, Arme locker hängen lassen, frei ein- und ausatmen.

Bleiben Sie so stehen und zählen Sie innerlich langsam bis zehn, oder Sie sprechen sich ruhig und leise eine Bekräftigung zu, z. B. »Ich stehe, ich komme zur Ruhe, ich bin fest in mir verwurzelt!«

Dann wiederholen Sie das Gleiche, nur mit geschlossenen Augen.

Wenn Ihnen die Übung guttut, wiederholen Sie diese drei- bis viermal.

Die Mühle drehen

Diese Übung zentriert sehr stark. Durch die langsame Drehung um die Körperachse auf einem ganz kleinen Platz (die Füße sollen möglichst eng beieinander bleiben, d. h. die Fersen berühren sich immer) stabilisiert sich die Körperbalance und Sie können sich auf Ihre Mitte konzentrieren. Nehmen Sie dabei die Arme in die Waagerechte und drehen Sie sich immer um ein Viertel weiter. Wiederholen Sie die Übung viermal und schließen Sie nach jeder Drehung die Augen für einen Moment.

Einen Schritt nach dem anderen

Schreiten ist eine gute Hilfe, um die Aufmerksamkeit auf nur eine Sache zu fokussieren, sich auf das Jetzt einzulassen und damit Unnötiges auszublenden, also achtsam zu werden.

Stellen Sie sich in einem geeigneten Zimmer eine Gerade vor (mindestens fünf Meter lang). Sie sollte ohne Hindernisse tatsächlich auch als gedachte Bodenlinie fungieren. Halten Sie den Kopf aufrecht und locker als »Spitze« Ihres Körpers. Straffen Sie Ihren Rücken und lassen Sie den Atem frei und locker laufen.

Nun durchmessen sie die imaginäre Bodenlinie als Schrittfolge mit ganz kleinen Schritten – an die Zehenspitzen schließt jeweils die Ferse des anderen Fußes an, Zehenspitzen und Ferse spüren sich.

So schreiten Sie die Gerade vorwärts, dann auch rückwärts (beim Rückwärtsgehen den Kopf immer noch erhaben als Krone tragen, nicht verkrampfen).

Lassen Sie sich bei dieser Übung Zeit und achten Sie darauf, dass der Atem frei und ungehemmt fließt.

Den Atem spüren: sich Bilder vorstellen

Versuchen Sie, Ihren Körper nach den inneren Bildern auszurichten. Sie kommen zur Ruhe und konzentrieren sich ganz auf sich:

Wasserkrug

Sie stehen ruhig und locker, richten Ihren Oberkörper auf und stellen sich vor, Sie würden einen Wasserkrug auf dem Kopf tragen. Lassen Sie den Atem durch Ihren Körper hindurchlaufen.

Marionette

Spielen Sie Marionette mit einem Faden oben am Kopf, am oberen Nackenwirbel, an den Schultern. Richten Sie sich beim Einatmen auf, langsam vom Wirbel bis zur Kopfspitze. Beim Ausatmen lassen Sie sich genauso wieder zusammensinken. Eine ähnliche Vorstellung gelingt über das Bild eines leeren Fahrradschlauches. Wenn er aufgepumpt wird, füllt er sich mit Luft und richtet sich auf.

Viele Nasenlöcher

Stellen Sie sich vor, Sie hätten viele Nasenlöcher und diese wären ringsherum im Gürtel verteilt. In diese Nasenlöcher atmen Sie nun langsam ein (die Flanken und der Bauch werden weit) und lassen die verbrauchte Luft durch den leicht geöffneten Mund wieder sacht ausströmen.

Heiße Suppe

Ein Teller mit heißer Suppe steht vor Ihnen: Vorsichtig blasen Sie auf einen gefüllten Löffel, holen dann wieder kurz Luft und blasen erneut.

Flackernde Kerzenflamme

In Gedanken haben Sie eine Kerzenflamme vor Ihrem Mund. Sie blasen die Kerzenflamme nicht aus, sondern lassen sie möglichst lange ununterbrochen flackern (d. h. eine winzige Mundöffnung und sehr dosiertes langsames Ausatmen).

Löwenzahnlichter

Pusten Sie die Samen des Löwenzahns vom Stängel!

Fensterscheibe

Hauchen Sie möglichst langsam, entspannt und dosiert eine Fensterscheibe an und malen Sie dann in Gedanken ein schönes Motiv darauf, oder beschriften das entstandene Bild am Fenster.

Bewegtes Buch

Spüren Sie aufmerksam Ihre Bauchatmung im Liegen: Legen Sie ein Buch auf den Bauch, atmen Sie ruhig aus und ein und beobachten Sie das Heben und Senken des Bauches beim Atmen. Der Oberkörper bleibt unbewegt: Beim Einatmen geht der Bauch nach vorn, beim Ausatmen zieht er sich ein.

Gürtel sprengen

Dabei probieren Sie die lockere Flankenatmung und erspüren die Zwerchfelltätigkeit: Beide Hände seitlich locker auf die Flanken legen, in die Flanken atmen – beim Einatmen weiten sich die Flanken spürbar, bis der vorgestellte Gürtel gesprengt ist, beim Ausatmen verengen sie sich. Schnüffeln und hecheln Sie wie ein Hund, um die Zwerchfelltätigkeit zu spüren.

Den Körper munter klopfen

Wenn Müdigkeit Besitz von Ihnen ergreift, Ihre Konzentration und geistige Präsenz nachlassen, dann ist diese Übung sicher einen Versuch wert. Lange nachdem ich in Bad Wörishofen war, die kalten Aufgüsse erlebt und deren großartige Wirkung genossen habe, kam der Gedanke, das Kneippsche Prinzip (Güsse von außen nach innen, von unten nach oben, von rechts nach links) auch »trocken« anzuwenden – zum Frischwerden, Wachwerden und Präsentsein.

Stehen Sie aufrecht und locker (am besten vor einem geöffneten Fenster mit guter Luft), die Beine in Schulterbreite. Beginnen Sie am rechten Fuß außen.

Klopfen Sie mit beiden Händen abwechselnd Ihr Bein bis zur Hüfte wach, das Gleiche auf der rechten Innenseite. Wechseln Sie dann zum linken Bein: außen und innen klopfen.

Auch die Arme werden auf diese Weise wach geklopft: von der rechten Hand Außenseite zur Schulter hoch, dann die Innenseite, später die linke Seite, zuletzt dann noch außen und innen.

Als Abschluss klopfen Sie den Nacken bis zu den Schultern (mit der linken Hand die rechte Seite und umgekehrt) ab.

Die große Körper-Acht erfrischt

Diese Shibashi-Übung erfrischt und harmonisiert. Sie stärkt die Rücken- und Lendenmuskulatur. Sie tut besonders gut, wenn Sie lange und ermüdend am Schreibtisch saßen. Haben Sie die Möglichkeit, diese Übung in der Mittagspause im Freien zu machen, dann steigern Sie die Wirkung noch mehr (Allgemeines zu Shibashi-Übungen: siehe Seite 30).

Ihre Füße stehen locker und schulterbreit fest auf der Erde. Heben Sie die Arme leicht gestreckt bis über den Kopf und stellen Sie sich zwischen den Händen einen Ball vor. Schauen Sie auf den »Ball« (also zwischen die Hände), lassen Sie den Blick während der gesamten Bewegung dort.

Führen Sie nun vor dem Körper mit Ihren Armen eine große liegende Acht aus:

Den »Ball« von der Körpermitte aus zuerst nach rechts oben führen, dann sinken lassen, den rechten Teil der

Acht beschreiben (dabei in die Knie gehen und den Oberkörper etwas nach vorn nehmen, der Kopf geht mit, die Augen schauen auf den »Ball«).

Nun die Bewegung nach links führen (zur zweiten Hälfte der Acht), Arme und Ball wieder sinken lassen (dabei in die Knie gehen und den Oberkörper etwas nach vorn nehmen).

Sie können für sich dabei auch Bekräftigungen sprechen, z. B.: »Ich bin eins mit dem Wind, der Natur und dem Kosmos.«

Achtsam spülen oder Staub wischen

Ganz im Sinne der Achtsamkeit im Alltag übertragen viele Anhänger der Zen-Meditation die Atem- bzw. Achtsamkeits-Meditation auf das Abspülen in der Küche oder das Staubwischen im Haushalt. Dabei geht es um das Training des Atems, des ruhig-gelassenen Bewegungsablaufs im Rhythmus des Ein- und Aus-Atmens und der damit verbundenen inneren Haltung des »Ganz-dabei-seins« – mitten in der Arbeit. Es bedarf keiner großen Anleitung. Versuchen Sie es einfach.

SINNSPRUCH

Achtsamkeit ist ein aufmerksames Beobachten, ein Gewahrsein, das völlig frei von Motiven oder Wünschen ist, ein Beobachten ohne jegliche Interpretation oder Verzerrung.
Jidu Krisnamuti

M. u. W. Küstenmacher,
Energie und Kraft durch Mandalas
© 1999 Ludwig Verlag, München, in der
Verlagsgruppe Random House GmbH

Beruhigende Kreise und Spiralen malen

Das indisches Sanskrit-Wort »Mandala« bedeutet »Kreis«. Mandala-Malen ist eine verbreitete Übung, um zur eigenen Mitte zu gelangen – von äußerer Unruhe zu innerer Sammlung. Dieser Weg wird angeregt durch die Grundstruktur eines Mandalas: Kreis und Mittelpunkt, Kreis und Labyrinth, Kreis und Spirale ... Es geht um die Versöhnung von Extremen, um die Spannkraft zwischen Mittelpunkt und äußerstem Rand. Mandala zu malen ist so einfach, weil es keine strenge Regel gibt. Sie können innen beginnen und sich an den Rand vorarbeiten oder

umgekehrt vom Rand zur Mitte. Es müssen auch nicht
zwangsläufig alle Felder mit Farbe gefüllt werden. Sie
können den Malstift oder die Malkreide stark aufdrücken
oder ganz zart.

Beim Ausmalen in der Stille oder bei meditativer Musik
konzentrieren sich Ihr äußeres und inneres Auge auf
die gewählte Form. Sie finden Ruhe und das Gefühl der
Ganzheit, der Versöhnung der Gegensätze des Lebens,
der Aufhebung der Pole. Gelassenheit und Ausgeglichen-
heit stellen sich ein.

Ruhe finden durch Lesen, Sprechen, Schreiben, Malen

Jedes Kapitel dieses Ratgebers beginnt mit einer Erzählung oder Kurzgeschichte, die das Thema Achtsamkeit
aus der Sicht weiser Menschen unterschiedlicher Herkunft beleuchtet. Zudem sind Sinnsprüche eingestreut,
die den technischen Aspekt der Übungen ergänzen
und den Geist, die Innenseite, erkennen lassen, der in
den Übungen steckt. Beides zusammen will Ihr Bemühen unterstützen, durch Achtsamkeit in eine neue
Dimension des Seins vorzustoßen.

Sie benötigen zu dieser Übung ein weißes Blatt Papier,
Bleistift, Farbstifte oder Wachsmalkreiden.

Blättern Sie zunächst ein wenig im Buch, um sich auf
die Übung einzustimmen. Entscheiden Sie dann, womit
Sie gerade lieber arbeiten möchten: mit Geschichten
oder Sinnsprüchen.

SINNSPRUCH

Achte auf Pausen – die Pause zwischen zwei Gedanken, die kurze Pause zwischen den Worten eines Gesprächs, zwischen den Tönen beim Klavier- oder Flötenspiel, auf die Pause zwischen Ein- und Ausatmen. Wenn du diesen Pausen Aufmerksamkeit schenkst, wird aus dem Gewahrsein von »etwa« einfach Gewahrsein. Die gestaltlose Dimension reinen Gewahrseins steigt in dir auf.

Eckhart Tolle, Stille spricht. Wahres Sein berühren © 2003 Arkana Verlag, München, in der Verlagsgruppe Random House GmbH (Übersetzung: Erika Ifang)

Je nachdem, wie Sie sich entschieden haben, suchen Sie sich nun einen Text aus und lesen ihn mehrmals in aller Ruhe durch. Beim letzten Durchgang nehmen Sie einen Stift und heben damit den Satz oder jene Worte hervor, die Sie in diesem Text heute am meisten berühren. Sprechen Sie diesen Textteil mehrfach vor sich hin und greifen Sie zu einem weißen, unlinierten Blatt Papier. Lassen Sie Platz für eine Überschrift, schreiben diesen Textteil in das obere Drittel des Blattes und zwar sorgsam, in Ihrer schönsten Schrift.

Schreiben Sie nun – wie eine Überschrift – das wichtigste Wort darüber, wobei Sie den ersten Buchstaben – wie bei mittelalterlicher Buchmalerei – besonders schwungvoll gestalten.

Zeichnen oder malen Sie danach in die Mitte des Blattes etwas, das nach Ihrem augenblicklichen Empfinden zur Überschrift und zum Textteil passt.

Schauen Sie sich Ihr Werk in aller Ruhe an und schreiben schließlich darunter eine persönliche Zusammenfassung Ihrer Übung, z. B. »Stille bringt mich zu mir selbst.« Oder: »Pausen geben mir neue Kraft/Energie.«
Zum Abschluss können Sie dieses Blatt gut sichtbar als Ermutigung an eine Wand oder an Ihr Bücherregal heften ...

Sich erden im Lesen

Anhand des Gedichtes »Desiderata – Wünschenswertes« (siehe Seite 119) sollen Möglichkeiten aufgezeigt werden, wie Sie mit Texten jeder Art achtsam umgehen und sich in sie versenken können – und die Texte so Kraftspender, Tröster, Erneuerer und Ruhespender werden können. Wählen Sie einen angenehmen Ort und suchen Sie sich eine der drei Übungen aus. Lesen Sie den Text jeweils langsam und halblaut.

Ausrufe- und Fragezeichen

Legen Sie einen grünen und einen blauen Farbstift bereit. Gefällt Ihnen am Text ein Ausdruck oder eine Aussage besonders gut, nehmen Sie einen grünen Stift, unterstreichen Sie die Passage und fügen Sie ein Ausrufezeichen hinzu. Kommt Ihnen zu einer Textstelle eine Frage oder scheint Ihnen etwas fragwürdig zu sein, so markieren Sie dies mit einem blauen Fragezeichen. Nehmen Sie sich dann Zeit für eine kleine Reflexion:
◇ Überwiegen Fragen oder Zustimmungen?

- Gibt es Bekräftigungen, die Ihnen sofort und besonders aufgefallen sind?
- Können Sie zu Ihrer derzeitigen Lebens-/Berufssituation eine Verknüpfung herstellen?
- Welche Stelle gibt Ihnen besonders Kraft oder auch Zuversicht und Trost?

Schraffieren Sie diese mit dem grünen Stift oder schreiben Sie sie ab, um sie an passender Stelle sichtbar aufzuhängen.

Gehen und lesen

Lesen Sie den Text zunächst wieder halblaut und langsam im Sitzen. Suchen Sie nun spontan das Wort, das Ihnen am stärksten im Gedächtnis geblieben ist, also so etwas wie ein Signalwort.

Nun lesen Sie den Text nochmals langsam und halblaut, gehen Sie aber dazu. Bleiben Sie immer, wenn dieses Wort im Text erscheint, stehen, halten Sie inne und lassen Gedanken kommen und gehen. Sie haben ein Ankerwort für sich gefunden, schreiben Sie es auf und gestalten Sie es (siehe Übung Seite 44 f.).

Text verändern oder weiterschreiben

Besorgen Sie sich eine Kopie des ausgesuchten Textes als Arbeitstext oder schreiben Sie ihn ab.

Lesen Sie den Text zunächst wieder halblaut und langsam im Sitzen.

Stellen Sie sich nun vor, Sie wären die Autorin: Müssten Sie für sich und Ihre Situation noch etwas hinzufügen – etwas weglassen – etwas ändern? Wie könnte der Text für Sie weitergehen, wie würde Ihr Text enden?

Verändern Sie diese Stellen in der Kopie und lesen Sie den Text erneut!

Textform verändern oder personalisieren

Verändern Sie auch mal die Textart: Aus einem Gedicht kann ein Brief werden, aus einer Geschichte ein Gedicht …

Widmen Sie den Text einem lieben Menschen, einem Menschen, der Trost sucht, einem Menschen, dem Sie etwas schenken wollen. Sprechen Sie diesen Menschen mit Namen an: So würde z.B. die erste Zeile aus der »Desiderata« heißen: »Moni, geh deinen Weg ruhig, mitten in Lärm und Hast …«

Auch die Geschichte von N. Peseschkian ist ein geeigneter Text, um sich näher mit seiner Aussage auseinanderzusetzen:

Ein Vater zog mit seinem Sohn und einem Esel in der Mittagshitze durch die staubigen Gassen. Der Sohn führte und der Vater saß auf dem Esel.

*»Der arme kleine Junge«, sagte ein vorbeigehender Mann.
»Seine kurzen Beine versuchen, mit dem Tempo des Esels
Schritt zu halten. Wie kann man nur so faul auf dem Esel
sitzen, wenn man sieht, dass das Kind sich müde läuft?«
Der Vater nahm sich dies zu Herzen, stieg hinter der
nächsten Ecke ab und ließ den Jungen aufsitzen.
Es dauerte nicht lange, da erhob schon wieder ein Vorü-
bergehender seine Stimme: »So eine Unverschämtheit!
Sitzt doch der kleine Bengel wie ein König auf dem Esel,
während sein armer, alter Vater nebenher läuft.« Dies tat
nun dem Jungen leid und er bat seinen Vater, sich mit ihm
auf den Esel zu setzen.
»Ja, gibt es sowas?«, sagte eine alte Frau. »So eine Tier-
quälerei! Dem armen Esel hängt der Rücken durch und
der Junge und der alte Nichtsnutz ruhen sich auf ihm aus.
Der arme Esel!«
Vater und Sohn sahen sich an, stiegen beide vom Esel
herunter und gingen neben dem Esel her.
Dann begegnete ihnen ein Mann, der sich über sie lustig
machte: »Wie kann man bloß so dumm sein? Wofür hat
man einen Esel, wenn er einen nicht tragen kann?«
Der Vater gab dem Esel zu trinken und legte dann die
Hand auf die Schulter seines Sohnes.
»Egal, was wir machen«, sagte er, »es gibt immer jemanden, der damit nicht einverstanden ist. Ab jetzt tun wir
das, was wir selber für richtig halten!« Der Sohn nickte
zustimmend.*

Aus: Peseschkian, Nossrat, Eselsgeschichte, aus: ders., Der Kaufmann und der Papagei
© Fischer Taschenbuch Verlag GmbH, Frankfurt am Main 1979

In schweren Zeiten

Sorgen können ganz schön schwer sein und sehr auf die Seele drücken. Egal, ob es um ein Kind und seine Entwicklung geht, um einen lieben Menschen, die Bedingungen am Arbeitsplatz, um den nächsten Arzttermin und die folgende Diagnose …

Große oder kleine Sorgen begleiten uns tagtäglich. Die Frage ist nur: Wie gehen Sie damit um, welches Gewicht geben Sie ihnen?

Alle folgenden Übungen haben das Ziel, sich nicht ganz niederdrücken oder vollständig lähmen zu lassen, sondern sich bewusst in Bewegung zu setzen, Anschluss zu finden an das Leben und an bereits gemeisterte Lebensstürme. Vielleicht hilft Ihnen diese Gedankenreise, das ein oder andere Gewicht loszulassen und sich nicht mit Ballast unnötig zu beschweren.

Gönnen Sie sich etwas Leichtigkeit in Zeiten der Schwere.

Über den Sorgen schweben

Setzen Sie sich bequem hin, atmen Sie einige Male bewusst ein und aus, schließen Sie die Augen und versuchen Sie, sich zu entspannen.

Dann stellen Sie sich Folgendes vor:

Es ist ein schöner warmer Sommertag, Sie schweben im großen sicheren Korb eines Ballons über die Erde, höher und höher.

Sie sehen, wie unter Ihnen alles kleiner wird, zu Spielzeuggröße zusammenschrumpft: Menschen, Autos, Häuser, Dörfer, Städte, Wälder und Wiesen ...

Die Gedanken fliegen mit. Sie fühlen sich frei und losgelöst, aber auch sicher in Ihrem Korb.

Natürlich fliegen auch die Sorgengedanken mit.

Wie schön wäre es, wenn Sie diese oder jene Sorge nicht hätten!

Könnten Sie nicht die ein oder andere Sorge abwerfen? Welche Sorgen wären das? Welche belasten oder bedrücken am meisten?

Unter dem sicheren Korb, in dem Sie gerade sitzen, befinden sich doch viele Sandsäcke! Die halten die momentane Flughöhe.

Was wäre, wenn Sie einen Sandsack abschneiden?

Ja! Eine der dicksten Sorgen hineinpacken, abschneiden, den schweren Sack zur Erde fallen lassen – und beobachten, wie er in die Tiefe fällt ...

Warum nicht auch noch zwei weitere Sorgen fallen lassen, Gewicht wegnehmen?

Sie fühlen sich nun leichter, das drückende Gewicht ist reduziert.
Genießen Sie noch ein paar Augenblicke die blühende Landschaft unter Ihrem Korb, dann suchen Sie einen sicheren Landeplatz und kommen wieder auf der Erde an.

Öffnen Sie nun wieder die Augen, strecken Sie Ihren Körper wie nach dem Aufstehen und atmen Sie kräftig durch.

Zu dieser Gedankenreise können Sie anschließend noch ein paar Überlegungen anstellen:

◇ Die Sorgen sind nicht weggeblasen, aber ist die große Schwere etwas vermindert?
◇ Können Sie nun leichter mit dieser Sorge umgehen?
◇ Welche Auswirkungen hat das veränderte Gewicht für Sie konkret?

Wenn nichts mehr geht, dann gehe!

Sie kennen solche Situationen: Im Arbeitsleben stürmen von allen Seiten Anfragen, Forderungen und Leistungs-ansprüche auf einmal auf Sie ein. Auf der privaten Ebene müssen Sie möglicherweise schwierige Situationen bewältigen (Unverlässlichkeit einer Beziehung, Kummer mit den Kindern). Wichtige Gespräche als Lösungsversu-che sind festgefahren, scheinen zu scheitern. Nichts geht mehr, es droht die Gefahr des Eskalierens. Alles ist zu viel, eine Lähmungssituation entsteht. Es passiert nichts mehr, weil man nicht weiß, wo man beginnen soll.

In solchen festgefahrenen Gesprächen ist es gut, äußerlich Abstand zu suchen und auf Distanz zu gehen. Entschuldigen Sie sich für einen Moment und gehen Sie umgehend aus dem Raum, versuchen Sie, rasch ins Freie zu kommen. Atmen Sie mehrmals ganz bewusst und tief über Bauchatmung die Außenluft ein. Schön, wenn ein Wind weht und Sie Ihren Kopf zusätzlich freigeblasen kriegen!

Falls Sie keine Möglichkeit haben, ins Freie zu kommen, suchen Sie einen Ort im Haus, eine Ecke, einen Gang, ein Zimmer, wenn es sein muss die Toilette, um für sich allein ein paar Minuten durchatmen oder auf und ab gehen zu können.

Nur für heute

Meist ahnt, weiß oder spürt man vorher, ob ein Gespräch langwierig, kräfteraubend, schwierig werden wird, oder ob sogar die Gefahr einer Eskalation besteht. Gleiches gilt für sehr angespannte Arbeitszeiten. Hier hat sich bewährt, den Text der »Zehn Gebote der Gelassenheit« bei sich zu tragen – in der Handtasche, in der Jackett-innentasche …

Haben Sie das Gefühl, es wird zu viel für Sie, gehen Sie damit an einen einigermaßen ruhigen Zufluchtsort und lesen Sie dort dieses Gedicht langsam und laut für sich durch. Gehen beim Lesen unterstützt die Wirkung der folgenden Gelassenheitsworte »Nur für heute« (Lebensregeln von Papst Johannes XXIII.):

Heute, nur heute werde ich mich bemühen, den Tag zu leben, ohne die Probleme meines Lebens auf einmal lösen zu wollen.

Heute, nur heute werde ich auf ein zurückhaltendes Auftreten achten: Ich werde niemanden kritisieren, ich werde nicht danach streben, die anderen zu korrigieren oder zu verbessern – nur mich selbst.

Heute, nur heute werde ich in der Gewissheit glücklich sein, dass ich für das Glück geschaffen bin – nicht nur für die andere, sondern auch für diese Welt.

Heute, nur heute werde ich mich an die Umstände anpassen, ohne zu verlangen, dass die Umstände sich meinen Wünschen anpassen.

Heute, nur heute werde ich zehn Minuten meiner Zeit einer guten Lektüre widmen; wie die Nahrung für das leibliche Leben notwendig ist, so ist die gute Lektüre notwendig für das Leben der Seele.

*Heute, nur heute werde ich eine gute Tat vollbringen,
und ich werde es niemandem erzählen.*

*Heute, nur heute werde ich etwas tun, wozu ich eigentlich
keine Lust habe; sollte ich es als eine Zumutung empfinden, werde ich dafür sorgen, dass niemand es merkt.*

*Heute, nur heute werde ich fest daran glauben – selbst
wenn die Umstände mir das Gegenteil zeigen sollten –,
dass die gütige Vorsehung Gottes sich um mich kümmert,
als gäbe es sonst niemanden auf der Welt.*

*Heute, nur heute werde ich keine Angst haben. Ganz
besonders werde ich keine Angst haben, mich an allem
zu freuen, was schön ist, und an die Güte glauben.*

*Heute, nur heute werde ich ein genaues Tagesprogramm
aufstellen. Vielleicht halte ich mich nicht genau daran, aber
ich werde es aufsetzen. Und ich werde mich vor zwei Übeln
hüten: vor der Hetze und vor der Unentschlossenheit.*

Aus: Johannes XXIII., Jetzt ist die Zeit. 10 Atempausen für die Seele
© St. Benno Verlag Leipzig, ISBN-Nr. 978-3-7462-3707-7, www.vivat.de

Achtsam »Wolken teilen«

Im Folgenden finden Sie eine Shibashi-Übung, die die Atmungskapazität der Lunge vergrößert, die Lebensenergie stärkt und Kurzatmigkeit verhindert.

Ihre Füße stehen locker und schulterbreit fest auf der Erde. Die Arme hängen locker.

Führen Sie mit dem Einatmen beide Hände parallel nach vorn hoch über den Kopf. Dabei zeigen die Handinnenflächen nach unten.

Strecken Sie nun die Hände und drehen Sie die Handflächen nach außen.

Mit dem Ausatmen führen Sie die Arme im großen Halbkreis rechts und links des Körpers wieder in die Ausgangsposition (so als müssten Sie eine lockere Wolke teilen).

SINNSPRUCH

Weil der Atem unseren Geist mit unserem Körper verbindet und die Brücke zwischen dem Bewussten und dem Unbewussten schlägt, richte ich meine Aufmerksamkeit immer wieder auf meinen Atem. So komme ich in der Gegenwart an.

Matthias Stöbener © 2002 Pattloch Verlag, München

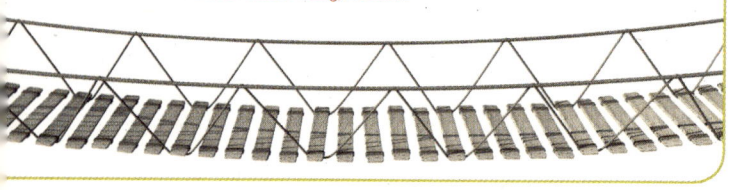

Bei Trauer besonders gut für sich sorgen

Der Job ist weg, eine intensive, lange Beziehung geht in die Brüche, eine schlimme Diagnose hat einen geliebten Menschen ereilt, ein Freund ist gestorben ... Unveränderliche Schicksalsschläge, manchmal von einer Zehntelsekunde auf die andere, manchmal ein langsamer Prozess, immer aber Grenzsituationen, die völlig ratlos machen, lähmen, die Luft rauben, in Schock versetzen.

Augustinus, der große Kirchenlehrer hat für solche Schläge eine ganz konkrete Achtsamkeitsregel aufgestellt: »Sorgen Sie jetzt besonders gut für sich – das andere können Sie nicht mehr ändern!«

Es geht ihm vor allem darum, auf das körperliche Wohl zu achten und äußere Rahmenbedingungen zu verbessern, z. B. ziehen Sie sich warm genug an, gehen Sie spazieren, nehmen Sie ein ausgiebiges warmes Bad, gehen Sie in die Sauna, essen und trinken Sie gut (wenn es geht, dann ist Essengehen hilfreich), hören Sie Ihre Lieblingsmusik, versuchen Sie, ausreichend zu schlafen, auch wenn es schwerfällt ...

Sie finden sicher noch mehrere, ganz individuelle Möglichkeiten, sich in diesem Moment körperlich etwas Gutes zu tun. Halten Sie trotz der Trauer am Leben fest!

Trostorte finden

Als mein Vater gestorben war, überkam mich lange Zeit immer wieder eine abgrundtiefe Untröstlichkeit. Nichts und niemand konnte mir helfen.

Bis eines Tages meine Gedanken zu seinem letzten
Besuch bei mir gewandert sind. Ich habe mir diesen
Tag nochmals vorgestellt: Was hatte er an, wie war er
gestimmt? Was haben wir zusammen unternommen?
Ja, wir waren in Starnberg, sind die Uferpromenade ent-
langgelaufen, ich lief neben ihm, untergehakt.
Da war mein Trostort! Ich besuchte diesen Ort sofort,
ging die Uferpromenade entlang, »hakte mich bei ihm
ein, redete mit ihm« – und bin getröstet nach Hause
zurückgefahren.
Hoffentlich haben und finden Sie Ihren eigenen Trostort:
Das können Flecken sein, die in Verbindung zu schönen
Erlebnissen stehen und eine angenehme Atmosphäre
hervorrufen, z. B. die Bank im Park oder Garten, eine
Waldlichtung, ein See, ein besonderer Baum, eine kleine
Kapelle, ein Weg, ein Bach, endlose Felder …

Trostmenschen finden

Wenn Sie in einer Krise Trostmenschen brauchen,
suchen Sie in Gedanken nach Menschen in Ihrem
Bekannten- oder Umkreis, die Ihnen in kleinen Dingen
zur Seite standen oder stehen. Überlegen Sie, was Sie an
diesen Menschen schätzen, was Ihnen guttut: die Art des
Zuhörens, die Stimme, die Gelassenheit beim Gespräch?
Könnte einer von diesen Menschen ein Trostmensch für
Sie werden und sein?
Entscheiden Sie nach Ihrem Bauchgefühl. Beim Ja bitten
Sie um ein Gespräch. Ich bin mir sicher, dass der oder die

»Ausgesuchte« der richtige Trostmensch für Sie ist. Am Ende des Gespräches bitten Sie Ihren Trostmenschen um ein häufiges »Vergiss-mein-nicht«. Dieser Gedanke wird Sie stärken und gelassener machen.

Trostmensch werden

Wer das bezaubernde Buch »Momo« von Michael Ende gelesen hat, weiß, dass Momo besonders eine Fähigkeit hatte, nämlich zuzuhören – meist, ohne etwas zu sagen. Und am Ende des Gesprächs hatten die Menschen, die zu ihr kamen, die Lösung für ihr Problem wie von selbst gefunden – anscheinend allein durch die Anwesenheit des Trostmenschen Momo.

So leicht ist es nicht immer, vor allem nicht, wenn gute Bekannte zu Ihnen kommen, weil sie plötzlich mit dem Tod in ihrer Familie konfrontiert sind oder ein anderer

Tröstende Hände, die Halt geben, schenken Kraft in der Not.

Kummer sie niederdrückt. In solchen Fällen ist es gut, die Regeln des aktiven Zuhörens nach Carl Ransom Rogers zu kennen und anzuwenden: Als Trostmensch sind zunächst weniger Ihre Worte als vielmehr Ihre Körpersprache gefragt, d. h. zeigen Sie ehrliches, offenes Interesse und Aufmerksamkeit, wenden Sie sich mit Oberkörper und Kopf Ihrem Gast zu, suchen und halten Sie Blickkontakt, setzen Sie Zeichen der Ermutigung, den Kummer auszusprechen durch Kopfnicken oder durch kleine, aufmunternde Bemerkungen.

Legen Sie – ohne zudringlich zu werden – Ihre Hand auf die des Gastes, wenn Tränen aufsteigen über den Verlust oder das widerfahrene Leid, reichen Sie wortlos ein Glas Wasser, ein Taschentuch ... Stellen Sie sich darauf ein, gemeinsam auch das Schweigen auszuhalten.

Zeigen Sie: Ich bin ganz für dich da, ich habe Zeit!

Die vorangegangenen Empfehlungen bedeuten nicht, dass Trostmenschen ohne Worte auskämen! Dennoch bleibt Ihre primäre Aufgabe, sich in den anderen Menschen hineinzuversetzen und sich selbst zurückzustellen.

Verwenden Sie sogenannte »Türöffner« wie »Möchtest du mir darüber (mehr) erzählen?«, »Mich interessiert, was in dir vorgegangen ist« oder »Magst du mir sagen, was dich jetzt bewegt?«

Fragen Sie nach, wenn Ihnen etwas unklar ist. Spiegeln Sie Gefühle des anderen wider: »Das hat dich wohl sehr verletzt und traurig gemacht ...«

Fassen Sie das Gesagte behutsam in eigenen Worten zusammen, führen Sie weiter und helfen Sie dem Gegenüber, sich sein Leid von der Seele zu sprechen.

Wenn Sie als Trostmensch gefragt sind, sollten Sie vermeiden, von sich selbst zu sprechen, die andere Person zu unterbrechen, allzu viele Ratschläge zu erteilen oder sie zu etwas zu überreden.

Hilfesuchende sollen vielmehr ermutigt werden, laut zu denken, auch ihre »ungewaschenen Gedanken« und auch Unangenehmes auszusprechen.

Dies wird nur gelingen, wenn Sie sich aller Wertungen enthalten und glaubhaft vermitteln: »Ich bin für dich da. Ich achte und bejahe dich, so wie du bist. Du kannst mir vertrauen.«

Diese Regeln des aktiven Zuhörens lassen sich nicht alle gleichzeitig üben. Streichen Sie mit grünem Stift jene an, die Ihrem bisherigen Verhalten gleichen.

Streichen Sie mit rotem Stift jene an, die Ihnen fremd sind. Geben Sie den rot Gefärbten eine Rangfolge in Zahlen und üben Sie diese nach und nach.

SINNSPRUCH

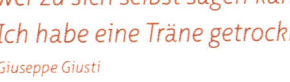

Glücklich,
wer zu sich selbst sagen kann:
Ich habe eine Träne getrocknet.
Giuseppe Giusti

Eine Klang-Dusche nehmen

Die Natur ist eine wunderbare Trösterin, das haben sehr viele Menschen schon erfahren. All die in der Natur gesammelten innerlichen Schätze können an trüben Tagen Sonne, Helligkeit neuen Mut und Hoffnung ins verzagte Herz bringen!

Legen Sie sich bequem hin, schließen Sie die Augen und lauschen Sie den herrlichen Klängen von Komponisten, die ihre Werke der Natur abgelauscht haben. Friedrich Smetana lässt in seiner »Moldau« den Fluss hörbar murmeln, fließen, rauschen. Lassen Sie sich mitnehmen von diesem Klangzauber und stellen Sie sich vor, was da zu sehen ist!

Oder Richard Strauss mit seiner Alpensymphonie und diesem unglaublichen Sonnenaufgang: Man kann ihn hören in der Musik, und gleichzeitig erscheint er vor dem inneren Auge. Solch eine Kraft!

Sie kann sich auf die Hörer übertragen, kann beflügeln, kann Gelassenheit und Tiefe vermitteln und eine ganz andere Achtsamkeit im Leben anstoßen.

Lassen Sie diese heilenden Kräfte der Musik in Ihrer Seele zur Wirkung kommen!

In Zeiten der Trauer und des Abschieds ist Musik eine verlässliche Partnerin an der Seite. Sie eröffnet die Möglichkeit, aus der Trauer hervorzuschauen und mit der Außenwelt wieder in Kontakt zu kommen. Lassen Sie sich trösten, versenken Sie sich in die Musik und überlassen Sie dem Musikstück die Regie.

Wer offene Antennen für Musik hat, kann sich dieses Medium als Trost-, Kraft- oder Mutspender zunutze machen. Manche Menschen haben ein Arsenal an Musik zur Auswahl, je nach Situation.

Egal ob Sie gerne klassische Musik, Jazz, Ethno- oder Volksmusik hören, in der Musik verbirgt sich ein tiefer unergründlicher Schatz: Musik spricht die tiefsten Tiefen unserer Seele an, verändert die Grundstimmung und Gestimmtheit. Musik erreicht selbst demente Menschen noch.

Wählen Sie sorgfältig »Ihre« Trost-, Rekreations- oder Wohlfühlmusik für den Augenblick aus.

Mit der Trostmusik zum Trostort

Gehen Sie mit Ihrer Trostmusik an einen Trostort (siehe »Tröstorte finden«, Seite 57), machen Sie es sich dort so angenehm wie möglich und hören Sie dazu Ihre Trostmusik. Sowohl der Ort als auch die Musik werden auf Sie wirken.

Trost- und Rekreationsmusik zu Hause

Setzen oder legen Sie sich bequem hin und lassen sich gefangen nehmen vom Zauber der ausgesuchten Musik:

⟡ Hören Sie achtsam die Melodie, den Klang, die Harmonien, das Tempo, die Lautstärke und den Ausdruck des Musikstückes.

⟡ Verfolgen Sie mit gespitzten Ohren ein Instrument, hören Sie einzelnen Stimmen nach.

⋄ Atmen Sie mit der Musik (das geht besonders gut, wenn Sie das Musikstück kennen).

⋄ Wenn Sie Musik gerne in Bewegung umsetzen, dann können Sie mitdirigieren, mit der Hand die Melodiebögen zeichnen, sich dazu bewegen oder tanzen. Ist Ihnen danach, dann summen oder singen Sie ruhig laut mit.

⋄ Andere Menschen bevorzugen das Malen nach Musik auf großformatigen Blättern mit Kreide oder Wachsmalkreide.

Nutzen und genießen Sie Musik in all ihren Facetten und in ihrer ganzen Breite!

Sich ins Trostbild versenken

Manchen Menschen spenden in der Trauer am besten Bilder Trost, z. B. der Holzschnitt von Walter Habdank mit dem Titel »In manibus tuis« (In deinen Händen). Auch wenn sich über Kunst streiten lässt, wagen Sie doch einen Versuch, sich auf dieses Kunstwerk einmal ganz einzulassen. Vielleicht wird es auch für Sie zum Trostbild? Versenken Sie sich mit allen Kräften in dieses Werk und sammeln Sie für sich die Bestandteile des einmaligen Holzschnittes:

eine große Hand, zwei kleinere Hände, ein Kopf, ein Oberkörper, oben und unten schwarz und in der Mitte rötlich-braun gefärbt, der Kopf und die Schulter-Arm-Hände-Partie, die große Hand bilden fast konzentrische Kreise.

Habdank, Walter: In manibus tuis II © VG Bild-Kunst, Bonn 2015

Konzentrieren Sie sich nun auf das Tun der Hände und beschreiben Sie es, z. B: Eine große Hand streckt sich (mir) aus dem leeren Raum, aus dem Nichts, der großen Leere entgegen, ein Mensch, mit nach oben gestreckten Armen und Oberkörper, wendet seinen Kopf und seinen Blick dem Betrachter (mir) entgegen, seine Augen scheinen seltsam zu leuchten, ein Mensch schmiegt sich eng in diese Hand, er glüht, sucht Kühlung, sucht Trost. Geben Sie nun Ihren ganz individuellen Gedanken und Empfindungen freien Raum, vielleicht auch in Form der folgenden Fragen:

◇ Wem gehört diese Hand?
◇ Wem wünschte ich, dass sie gehört und von wem soll sie keinesfalls sein?
◇ Wie kann sie einfach da sein?
◇ Was will sie?
◇ Vielleicht unverhofft durch ihr Dasein bergen, Zuflucht geben im Nirgendwo, in Erschöpfung, in der plötzlichen Heimatlosigkeit, in der Hitze des Kampfes ums Überleben?
◇ Hat sich der Mensch mit letzter Kraft in diese bergende Hand geworfen?
◇ Wer ist es, wer könnte es sein?
◇ Was wollen seine leuchtenden Augen mitteilen? Tröstliches? Vielleicht: »Ich bin gerettet – du auch! Ich bin geborgen – du auch! Ich bin angekommen und erlöst von allem Schweren, von aller Not – auch für dich wird dies gelten!?«

Vielleicht kann Ihnen der folgende Text zu dieser Trost-
Bild-Betrachtung nun zusätzlich Trost spenden. Sie
können diesen Text für Ihre Situation abändern und in
Ihr Tagebuch schreiben.

Einer ist da,
auch in höchster Not und Trauer,
wenn mich Wellen des Schmerzes hinwegzuspülen drohen
wie die stürmische See, die sengende Glut der Wüste,
damit ich den Augen-Blick erfasse, der aufhilft,
neuen Halt gibt und Gelassenheit schenkt

Einer ist da,
der leitet mich auf unwegsamem Gebiet,
dass meine Schritte nicht straucheln,
dass ich nicht abstürze in den Abgrund
der Verzweiflung und Hoffnungslosigkeit

Einer ist da,
der führt meine Hände,
der lenkt meine Schritte,
der schickt mir den rettenden Engel,
der rührt mich an.

Achtsam sein mit anderen und miteinander

Die Menschen, die einen umgeben, wollen Achtung und Wertschätzung erfahren. Lernen Sie Übungen kennen, wie das Miteinander intensiver werden kann.

Die drei Siebe

Vor mehr als 2.000 Jahren kam zum weisen Sokrates ein Mann gelaufen. Ganz aufgeregt sagte er: »*Höre, Sokrates, das muss ich dir erzählen, wie dein Freund ...*« – »*Halt ein!*«, unterbrach ihn der Weise. »*Hast du das, was du sagen willst, durch drei Siebe gesiebt? Das erste Sieb ist die Wahrheit. Hast du alles, was du mir erzählen willst, geprüft, ob es wahr ist?*« – »*Nein, ich hörte es erzählen und ...*« – »*So, so!*«, entgegnete Sokrates. »*Aber sicher hast du das zweite Sieb geprüft, es ist das Sieb der Güte. Ist das, was du erzählen willst, wenigstens gut?*«
Zögernd sagte der andere: »*Nein, das nicht, im Gegenteil ...*« – »*Hm*«, unterbrach ihn der Weise, »*so lass uns auch das dritte Sieb noch anwenden und lass uns fragen, ob es notwendig ist, mir deine Sache zu erzählen!*« – »*Notwendig nun gerade nicht ...*«
»*Also*«, lächelte der Weise, »*wenn das, was du mir erzählen willst, weder wahr noch gut noch notwendig ist, so lass es uns begraben sein und belaste nicht dich noch mich damit!*«

Quelle unbekannt

Alles, was wir für uns selbst tun,
tun wir auch für andere, und alles,
was wir für andere tun, tun wir auch für uns selbst.
Thich Nhat Hanh

Im Alltag und zu gemeinsamen (Fest-)Zeiten

Einander begegnen im Gespräch

Was suchen wir Menschen, wenn wir einander begegnen und ein Gespräch beginnen? In der Regel, dass unser Gegenüber sich Zeit nimmt, offene Ohren für uns hat und uns mit ungeteilter Aufmerksamkeit zugewandt bleibt, dass wir uns gegenseitig Anteil an unserem Leben geben, unser wahres Gesicht zeigen und damit zugleich Vertrauen schenken, dass wir im Gespräch miteinander verständnisvoll, einfühlsam und achtsam umgehen, und uns nicht naserümpfend erheben oder gar lustig machen, dass …

Sicherlich fallen Ihnen noch andere Hoffnungen ein, die Sie mit einer geglückten Begegnung im Gespräch verbinden. Je länger diese Liste wird, umso mehr macht sie bewusst: Alle Erwartungen kann man gar nicht erfüllen. Das heißt auch: Gute Gespräche führen bedarf einiger Übung und der Beachtung von Gesprächsregeln.

Neben den allseits bekannten Gesprächsregeln wie einander nicht ins Wort zu fallen, sondern sich gegenseitig ausreden zu lassen, lange Monologe zu vermeiden, sich vorschneller Bewertungen oder gar Verurteilungen zu enthalten (sie können schnell zum Abbruch des Gesprächs führen), gibt es noch einige bedenkenswerte Anregungen, die Ihnen helfen können:

- die Bereitschaft, sich zu eigenen Vorlieben, Ängsten oder Schwächen, Glücksgefühlen oder Ratlosigkeit, Ansichten und Argumenten angemessen zu bekennen
- der Versuchung zur Rechthaberei zu widerstehen und sich stattdessen hinterfragen zu lassen, um durch den Austausch bereichert zu werden
- ehrlich zu bleiben – auch bei unangenehmen Nachfragen, nur so bleibt ein Gespräch lebendig
- gezielte Nachfragen zu stellen, die das Gesprächsinteresse wecken und zeigen, dass Sie zugehört haben
- das Gespür dafür zu entwickeln, was vom Gesagten unter den Anwesenden im Raum bleiben soll – am besten am Ende eine Vereinbarung treffen
- Grenzen zu setzen, etwa: »Dazu möchte ich im Augenblick nichts sagen!« oder: »Das geht mir zu nahe, darüber möchte ich nicht reden!«
- erste Müdigkeitserscheinungen bei den Gesprächspartnern erkennen und nachfragen, ob das Gespräch weitergeführt werden soll

Die beste Grundlage einer achtsamen, offenen und gewinnbringenden Begegnung im Gespräch bleibt der Satz des römische Philosophen Terenz: »Ich bin Mensch. Nichts Menschliches ist mir fremd!«

SINNSPRUCH

Jeder Versuch, sich mitzuteilen, kann nur mit dem Wohlwollen des anderen gelingen. Max Frisch

Achtsam zusammenarbeiten

In der Lebensmitte beansprucht die Berufstätigkeit meist den Löwenanteil an Energie und Zeit eines Menschen; denn selbst in der Freizeit und im Schlaf arbeiten Gehirn und Seele weiter und suchen nach Problemlösungen. Umso wichtiger erscheint das achtsame Zusammenarbeiten am Arbeitsplatz. Es folgt der Logik des Interessenausgleichs, nicht jener von Konkurrenz, Rivalität und Neid. Achtsame Zusammenarbeit setzt vielmehr auf Synergie. Sie sucht das ständige Gleichgewicht zwischen Geben und Nehmen, Anerkennen und Anerkanntwerden sowie einen menschenfreundlichen Umgang miteinander und faires Austragen unvermeidbarer Konflikte.

Oder in einem Bild: Alle Kollegen und Kolleginnen und selbst die Firmenleitung sitzen in einem Boot. Ohne achtsame Zusammenarbeit kommt das Boot nicht im gewünschten Tempo voran. Es gerät aus dem Gleichgewicht und droht zu kentern.

So können Sie achtsame Zusammenarbeit leben:

- ✧ Begrüßen Sie (zumindest) Ihre engsten Mitarbeiterinnen oder Kollegen jeden Morgen per Handschlag, mit einem Lächeln, vielleicht sogar mit einer persönlichen Ermunterung oder einem konkreten Kompliment.
- ✧ Gestalten Sie Ihren Arbeitsplatz freundlich (z. B. mit frischen Blumen), dann kommen andere gerne bei Ihnen vorbei.
- ✧ Zeigen Sie sich hilfsbereit (»Ich muss zum Briefkasten. Kann ich für Sie etwas mitnehmen?«)!

- Fragen Sie rechtzeitig um Rat, wenn Sie nicht weiterkommen (so kann jeder seine Stärken ins Spiel bringen).
- Machen Sie sich aber bei der Betriebsleitung wie auch im Team bemerkbar, wenn sich das Geben und Nehmen auf Dauer zu Ihren Lasten verschoben hat.
- Verteilen Sie im Team oder in einer Arbeitsgruppe ausgiebig Lob für Gelungenes und sprechen Sie unterlaufene Fehler behutsam an. Das stärkt den Team-Geist und hebt die Qualität des Arbeitsergebnisses.
- Bedenken Sie: Achtsamkeit fördert eine Kultur der Anerkennung und der Fehlerfreundlichkeit.

Müssen Konflikte und Streit ausgetragen werden, so achten Sie darauf, dass Sie Ihren eigenen Anteil für das Zustandekommen kennen und zugeben, aber verdeutlichen Sie auch die Hintergründe, die dazu geführt haben.

- Sachliche Kritik sollten Sie offen und klar äußern.
- Persönliche Kritik an anderen ist in einer Teamsitzung nur im Notfall angebracht. Suchen Sie lieber das persönliche Zwiegespräch und beherzigen Sie dazu vielleicht den Rat der Erzählung von den drei Sieben (siehe Seite 70).

Für einen lieben Menschen

Mit den Händen einem lieben Menschen etwas Gutes zu tun, ist eine schöne Erfahrung und bereichert gemeinsame Zeiten. Schenken Sie doch bei passender Gelegenheit eine kleine Rückenmassage. Beide können davon profitieren, denn für den oder die Beschenkte wird sich ein wohliges Körpergefühl ausbreiten und für denjenigen, der die Massage gibt, wird die Wirkung der Arbeit in den Händen spürbar!

Der oder die Beschenkte sitzt frei auf einem Hocker oder bequemen Stuhl. Der oder die Massierende steht dahinter. Die Hände bewegen sich mit entsprechenden Bewegungen sanft über Rücken und Schulter. Eine solche Massage tut übrigens auch Kindern gut.

Eine Massage-Fantasiereise

Warm und weich scheint die die Sonne auf den Rücken.
(Die Hände flach und sanft auf den Rücken legen, die eigene Wärme an den Rücken weitergeben.)
Da kommt ein leichter Wind auf.
(Hände kreisförmig und sehr langsam über den Rücken bewegen.)
Der Wind wird stärker.
(Bewegungen verstärken.)
Wolken schweben vom Horizont her.
(Hände fahren von der Gürtellinie ab nach oben zur Schulter, mehrfach wiederholen.)
Der Wind wird zum Sturm und die Wolken rasen über den Himmel.
(Bewegungen noch mehr verstärken, dazwischen jeweils schnelle Bewegungen von unten nach oben zu den Schultern.)
Mit Blitz und Donner rollt ein Gewitter heran.

(Mit dem Finger Blitze auf den Rücken zeichnen, mit der Außenkante der Faust nicht zu fest auf den Rücken trommeln.)

Ein Regenguss beendet das Gewitter. Es schüttet.

(Die Fingerspitzen berühren schnell und heftig den Rücken.)

Nur noch einzelne Tropfen fallen.

(Einzelne Fingerspitzen berühren langsam den Rücken.)

Der Wind schiebt die Wolken auseinander.

(Die Hände streichen von der Wirbelsäule aus nach außen.)

Da kommt die Sonne wieder hervor und wärmt dich wieder.

(Beide flachen Hände streichen rechts und links der Wirbelsäule entlang nach oben bis über die Schultern.)

Massagen sind Balsam für Körper und Seele.

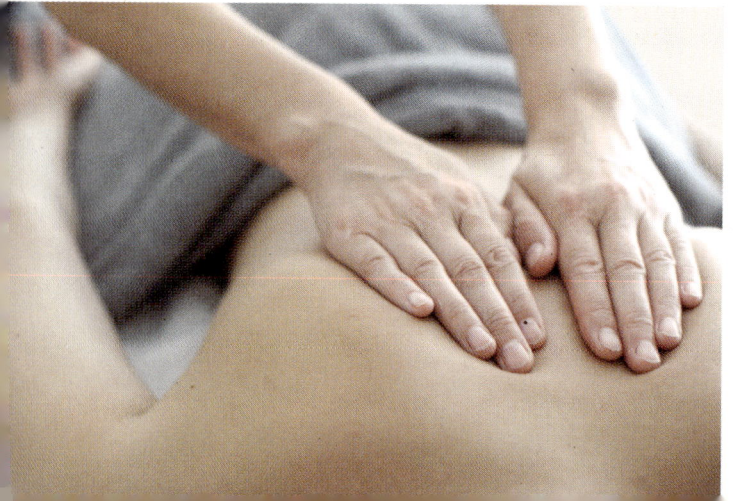

Silvesterbriefe

Ein Jahr neigt sich dem Ende zu, Silvester steht an. Nicht nur in Zeitungen, im Fernsehen und in anderen Medien ist es jetzt Zeit, Rückschau auf das Vergangene zu halten. Auch Sie können den Jahreswechsel zum Anlass für eine wertschätzende Rückschau nehmen und gleichzeitig den Blick in Form von Wünschen nach vorn richten.

Nutzen Sie den langen Abend miteinander für schöne Silvesterbriefe. Nehmen Sie sich Zeit dafür, die Übung dauert allein bei drei Leuten ca. 90 Minuten.

Sie brauchen pro Person mehrere DIN-A6-Blätter in den Farben Gelb (für »Glanzlichter« des vergangenen Jahres), Weiß (für »Das wünsche ich mir für das kommende Jahr!«) und Grün (für »Meine Wünsche für dich ...«).

Beginnen Sie miteinander zunächst mit den gelben Blättern! Sammeln Sie in der Stille alle Ereignisse, die Ihnen zum Thema »Glanzlichter« des vergangenen Jahres einfallen. Ist diese Schreibrunde beendet, liest jeder seine Glanzlichter der ganzen Runde vor.

Die nächste Schreibrunde bezieht sich auf das Thema »Das wünsche ich mir für das kommende Jahr«. Schreiben Sie diese Wünsche auf die weißen Blätter. Tauschen Sie sich anschließend in der Runde aus.

Das Schlusslicht der Briefe geht um »Meine Wünsche für dich ...« Dafür sind die grünen Blätter bestimmt. Schreiben Sie hier für jeden Teilnehmer einzeln Ihre Wünsche auf. Ergänzen Sie dazu einfach den Titel mit der persönlichen Anrede, z. B. »Meine Wünsche für dich, liebe

Marion«. Lesen Sie Ihre Wünsche vor und übergeben Sie dann dieses Wunschblatt an die betreffende Person. Jeder, der bei der Runde Silvesterbriefe mitmacht, hat also am Ende des Briefeschreibens seine eigenen gelben und weißen und die grünen Blätter, die die Wünsche der anderen für sich selbst enthalten.

Ich erlebe diese Runde jedes Jahr als beglückend und bereichernd. Die Blätter begleiten mich das ganze Jahr hindurch, weil ich sie in meinen Terminkalender geheftet habe. Die Wünsche beflügeln mich, wenn ein Durchhänger allzu lange dauert.

Aufmerksamkeiten an Lebensfesten

Wenn sich in der Verwandtschaft oder Nachbarschaft ein Paar das Ja-Wort gibt, wenn ein Kind getauft, gefirmt bzw. konfirmiert wird oder jemand einen runden Geburtstag feiert, befördert wird, einen Kunstpreis erhält oder in den Ruhestand eintritt, so ist dies – sicherlich nicht nur in unseren Breitengraden – ein gewichtiger Anlass für eine kleine, mittlere oder größere Aufmerksamkeit. Die Höflichkeit und noch mehr die Achtsamkeit verlangen dies.

Im digitalen Zeitalter genügt vielen eine SMS oder E-Mail. An digitale Glückwunschkarten haben sich die einen sehr schnell gewöhnt, andere finden den handgeschriebenen Glückwunsch angemessener und stellen ihn in der Achtsamkeitsskala ganz nach oben. Wie beim Grüßen und Verabschieden haben die meisten Men-

schen – besonders, wenn es um das eigene Fest geht –
einen ausgesprochenen Spürsinn dafür, wie viel oder
wenig Wertschätzung die äußere Form des Gratulierens
erkennen lässt, ob ein Kartengruß oder Brief ausreicht
oder ob es unerlässlich ist, persönlich Glückwünsche zu
übermitteln.

Der Sammelbegriff »Aufmerksamkeiten« beinhaltet,
dass manchmal persönliche, digitale oder schriftliche
Glückwünsche noch zu wenig sind. Es bedarf auch der
Geschenke. Somit eröffnet sich ein weites Feld an kom-
binierbaren Möglichkeiten.

Inneres Taktgefühl und Achtsamkeit sind gefragt und
kreativ ins Spiel zu bringen, damit dieser Tag für die

Geschenke sind Zeichen der Zuneigung und des Respektes.

Gefeierten zum Fest werden kann. Unter dem Aspekt der Achtsamkeit kann ein Gesichtspunkt eine verlässliche Entscheidungshilfe sein: Mit das Wertvollste, was wir uns gegenseitig schenken können, ist Zeit, die wir miteinander verbringen.

Die Frage heißt also:

◇ Mit welcher Art des Zeit-Schenkens könnte ich eine ganz persönliche Freude machen?

Um die Intensität des richtigen Geschenkes zu finden, können auch Fragen helfen wie:

◇ Wie sehr schätze ich den Menschen, den es zu feiern gilt?

◇ Wie nahe steht er mir tatsächlich?

◇ Welchen Platz nimmt er in meiner Herzens- und Aufmerksamkeitsskala ein?

◇ Was habe ich ihm in meinem bisherigen Leben, besonders aber in der letzten Zeit zu verdanken?

◇ Könnte ich mich an seiner Stelle aufrichtig über den zugedachten Glückwunsch, das in Aussicht genommene Geschenk freuen?

SINNSPRUCH

Ich schenke ihm einfach nur meine vollständige Gegenwart, ohne dass ich mich von anderen Beschäftigungen ablenken lasse. Das ist das schönste Geschenk, das ich machen kann.

Matthias Stöbener © 2002 Pattloch Verlag, München

Herausforderungen des Alltags

Dem Ärger Luft machen

Wenn Sie richtig verärgert sind, lassen Sie dem Unmut keine Chance, bei Ihnen anzukommen: Gehen Sie allein an einen Ort, setzen Sie sich, versuchen Sie, ruhig zu atmen und sich zu entspannen, denken Sie jetzt an die Begebenheit, die zu Ihrem Ärger geführt hat …

Ballen Sie Hände und Füße fest zusammen und ver- balisieren Sie laut Ihre Gefühle und Kommentare. Sie müssen sich dabei nicht einbremsen!

Atmen Sie dann laut und explosiv durch den Mund aus. Versuchen Sie, wieder ruhig zu atmen, entspannen Sie sich bei einer Tasse Tee, einem guten Duft (Lavendel, Orange) oder gehen Sie ein paar Schritte!

UMSICHT IM UMGANG

Im achtlosen Miteinander schleichen sich häufig ungute Situationen ein: Da ist mal schnell eine negative Bemer- kung gemacht, da schließt man sich gedankenverloren und unachtsam einer Meinung an … Schnell ist der andere verletzt, gekränkt, fühlt sich niedergeschlagen, nicht wert- geschätzt, nicht achtsam behandelt. So staut sich schlech- te Energie, die man loswerden muss, sonst frisst sie sich in den Menschen hinein und ergreift Besitz im Inneren.

Ein nie abgeschickter Brief

Kennen Sie brenzlige Situationen, in denen man besser nichts sagt, weil sonst unpassende oder vielleicht verletzende Worte gesprochen werden – weil sonst ein Pulverfass explodiert?

Versuchen Sie, dieser Situation nicht zu viel Gewicht beizumessen. Arbeiten Sie etwas mit der Hand (im Büro z. B. Ablage machen, kopieren, im Haushalt z. B. Gartenarbeit erledigen, putzen, Gemüse säubern) und gewinnen Sie über das Tun Zeit und Abstand zu dem belastenden Ereignis. Hoffentlich schaffen Sie das so lange, bis Sie ein Zeitfenster und einen Ort gefunden haben, um einen klärenden Brief zu schreiben.

Benennen Sie die Person, die Sie gekränkt hat, schreiben Sie dies in die Anrede, schildern Sie den Vorfall durch Ihre Brille. Fokussieren Sie sich wirklich nur auf sich! Benennen Sie die Kränkung und den Ihrer Ansicht nach möglichen Grund dafür, nehmen Sie in Ihren Formulierungen keine Rücksicht auf Verträgliches oder Unverträgliches, versuchen Sie, Ihre Gefühle ohne Einschränkung aufzuschreiben und schreiben Sie so lange, bis Ihnen dazu nichts mehr einfällt. Lesen Sie den Brief nicht mehr durch! Falten Sie ihn, so klein es nur geht, und legen Sie ihn in einer Schublade ab.

Dieser Brief wird zwar nie abgeschickt, aber Sie haben Abstand gefunden und den Kränkungen eine Plattform gegeben. Nach einer angemessenen Zeit können Sie den Brief verbrennen oder ganz klein zerreißen.

Zwiegespräch mit sich selbst

In der Zusammenarbeit mit anderen bleiben Konflikte und Streitsituationen nicht aus. Ihre Arbeitskollegin ist vielleicht heute nicht gut drauf, sie ist gestresst von ihrem Mann, von den Kindern oder von anderen Dingen. Wer weiß das? Auch Ihnen geht es vielleicht manchmal so, und Sie sorgen ungewollt für Konflikte.

Bei einer Fortbildung über Gesprächsführung habe ich eine für mich hilfreiche Übung gelernt: das »Zwiegespräch« mit sich selbst.

Erzählen Sie sich, was gerade passiert ist, beschreiben Sie die Situation (an welchem Ort, wo war der Konflikt, wie sah das Gesicht der Beteiligten aus, wie hörte sich die Stimme an?), erzählen Sie sich, wie es zu diesem Konflikt kam, was zu dem Streit geführt hat. Wieder-

Auch mit sich allein kann man ab und an ins Gespräch kommen …

holen Sie Wortfetzen, Details, benutzte Wörter – alles, was Ihnen ganz spontan in den Sinn kommt.

Und nun schlüpfen Sie in die Rolle des Streitpartners: Erzählen Sie sich, was bei dem Partner vor dem Streit los gewesen sein könnte (schlecht geschlafen, Kopfweh, Ärger mit dem Kind, Druck von außen, Arbeitsüberlastung ...) und formulieren Sie auch mögliche Gedanken der anderen Seite während des Streites.

- ✧ Können und wollen Sie Verständnis für den Streitpartner aufbringen?
- ✧ Gibt es einen akzeptablen Weg, den Konflikt auszuräumen – nochmals um ein Gespräch bitten, einen Brief oder eine Karte schreiben und einen Lösungsvorschlag anbieten, jemanden um Vermittlung bitten ...?

Das »Zwiegespräch mit mir« wirkt immer reinigend und erleichternd, ich komme zu neuen Erkenntnissen und gehe befreit aus dem »Gespräch« heraus.

Das Sinnvolle suchen

Fehlende Wertschätzung oder Enttäuschungen über ein nicht nachvollziehbares Verhalten lassen einen schalen Beigeschmack zurück. Er heftet sich in eine Beziehung wie ein Bitterstoff auf die Zunge. Ein Beispiel: Das Telefon läutet, eine Freundin ist dran und lässt im Laufe des Gespräches immer wieder unterschwellig Bemerkungen fallen wie »Naja, so richtig Ahnung hast du davon auch nicht ...« Erst im Nachhinein werden die Kränkung und fehlende Wertschätzung so richtig spürbar. Solche Wunden, die einem nicht das namenlose Schicksal, sondern ein Gesicht mit Namen zugefügt hat, schmerzen besonders. Da hilft kein Hinausbrüllen, kein Sandwerfen, kein Boxsackpoltern.

Viktor E. Frankl, der weise und große Psychotherapeut, Arzt, Philosoph und KZ-Überlebende bietet für diese Situationen einen Gedanken zur Lösung an: »Endlich einmal soll die Kette des Bösen abgerissen werden! Wir wollen nicht wieder und immer wieder Unrecht mit Unrecht vergelten, Hass mit Hass erwidern und Gewalt mit Gewalt! Die Kette ... muss endlich gesprengt werden!«

Der Umgang mit sich selbst in Situationen der Kränkung, Demütigung und Enttäuschung bedarf besonderer Achtsamkeit. Stellen sie sich dieser Aufgabe und überlegen Sie: Wie würden und werden Sie bei der nächsten derartigen Gelegenheit reagieren? Wie können Sie die »Kette des Bösen« sprengen?

Viktor E. Frankl gibt einen konkreten Hinweis: die innere Einstellung zur erlittenen Kränkung anschauen und korrigieren, denn jede Korrektur der inneren Einstellung bewirkt eine Korrektur des Umgangs damit. Einstellungen, die in Richtung Humor, Gelassenheit, ja sogar Witz korrigiert werden, nehmen die Dramatik und Schwere der Kränkung.

Als Verdeutlichung soll hier die kurze Geschichte des Clowns Grock stehen. Er versteht es, seine Einstellung zu korrigieren und aus einer handfesten Beleidigung etwas Gelassenes, Humorvolles zu machen.

Vielleicht gibt Ihnen die Geschichte Inspiration zu einer anstehenden Lösung.

Der berühmte Clown Grock erhielt eines Tages einen Brief, der von handfesten Beleidigungen nur so strotzte. Seine Freunde rieten ihm, den Briefschreiber zu verklagen. Die Höflichkeit hat ja auch ihre Grenzen. Grock aber winkte ab. Er hatte eine bessere Methode. Er schickte den Brief an den Absender zurück und fügte hinzu: »Gestern wurde mir beiliegender Brief zugestellt. Ich sende Ihnen den Brief zu, da Sie als angesehener Bürger wissen müssen, dass irgendein unverschämter Kerl in Ihrem Namen beleidigende Briefe schickt ... Mit freundlichen Grüßen.«

Achtsamkeit ist auch im Gespräch nötig: Worte können heilen oder kränken.

Gut zureden, Gutes zusprechen: segnen

Jeder Mensch braucht täglich einen aufmunternden Zuspruch, braucht andere Menschen, die ihm gut zureden und Gutes zusprechen, wenn sich Hindernisse in den Weg stellen und der Berg alltäglicher Belastungen nicht mehr zu bewältigen ist.

Manche suchen dann nach einem Zuspruch von oben, halten Ausschau nach einem Segenswort des Himmels. Genau dies beinhaltet das lateinische Wort *bene-dicere*: gut zureden, Gutes zusprechen, segnen. Halten Sie Ausschau in der Bibel oder in der geistlichen Literatur der Gegenwart, suchen Sie sich dort den Zuspruch, der Ihnen guttut. Wenn Sie gefragt sind, anderen Gutes zuzusprechen, dann stärken Sie Ihre Mitmenschen z. B. mit Segensworten. Sammeln Sie dazu Segensworte für alle Fälle, z. B. die die Welt umspannenden Worte aus Indien oder den Segensspruch des Propheten Jesaja an die Menschen in der Verbannung, im babylonischen Exil:

Möge der, welcher unser Vater für die Christen ist,
Jahwe für die Juden, Allah für die Moslems,
Buddha für die Buddhisten, Brahma für die Hindus,
möge dieses überall und jederzeit wirkende Wesen,
das wir als Gott anerkennen,
den Menschen Frieden geben und unsere Herzen
in einer geistigen Geschwisterlichkeit vereinen unter
seinem Segen.

Aus Indien

Wenn du durchs Wasser schreitest, bin ich bei dir,
wenn durch Ströme, reißen sie dich nicht fort,
wenn du durchs Feuer gehst, wirst du nicht versengt,
keine Flamme wird dich verbrennen.
Denn ich bin der Herr, dein Gott.
Jesaja 43, 2-3

Möge der Wind dich liebkosen, wenn du traurig bist,
die Sonne dich umschmeicheln, wenn es dir schlecht geht.
Möge der Regen die Tränen aus deinem Gesicht waschen,
die du in verzweifelten Stunden weinst.
Aus Irland

Visionen

Unsere Welt ist globaler geworden – auch achtsamer?
Fernsehen, Zeitungen und Internet bringen in Windes-
eile die neuesten Nachrichten in Umlauf. Als Krönung
ihres Forschungseifers und -könnens kann die Menschheit über ihre selbst gebauten und entsandten Satelliten
die Erde aus dem All betrachten, Mars und Kometenres-
te aus der Nähe ansehen. Staunens- und beachtenswert!
Dennoch ist gleichzeitig die Bedrohung durch Klimawan-
del, Kriegsgefahr und Terror gewachsen. Vor dem Kölner
Dom haben achtsame Zeitgenossen deshalb lange Zeit
eine Klagemauer errichtet. Darauf konnten Menschen
ihre Sorgen, Ängste und Klagen heften. Die Gottesdienst-
besucher konnten sie aufgreifen und so die Welt mit in
ihr Gebet nehmen – so sie sensibel genug dafür waren.

Die nächste Übung setzt nicht auf die literarische Text-
form der Klage, sondern auf Ihre visionäre Kraft.
Schreiben Sie rundum auf den Rand Ihrer Tageszeitung
(oder auf ein Blatt Papier) den Impulssatz: »Ich möchte
morgen in der Zeitung lesen, dass ...« Fügen Sie alle Ihre
persönlichen Visionen und Wünsche an!

Einige Beispiele von Jugendlichen: Ich möchte, dass ...

⬧ »... alle jungen Leute Berufe ergreifen können, die sie
   erfüllen und die gut bezahlt werden.«

⬧ »... sich in diesem Jahr kein Mensch aus Verzweiflung
   und Hoffnungslosigkeit das Leben genommen hat.«

⬧ »... der Stacheldrahtzaun gegen Flüchtlinge in Marokko
   geräumt werden konnte, weil niemand mehr das wun-
   derschöne Afrika mit seinen Bodenschätzen, seinem
   Reichtum an Früchten, Lebensmitteln und seinem
   unerschöpflichen Reservoir an talentierten jungen
   Menschen mehr verlassen wollte.«

⬧ »... sich der Kampf der Kulturen und Religionen aufge-
   löst und ihre Verschiedenheit sich umgewandelt hat
   in Synergieeffekte zum Wohl der Menschheit und zur
   größeren Ehre Gottes.« ʼ

Achtsam sein mit Natur und Umwelt

Das, was uns Menschen tagtäglich umgibt, bildet unsere Lebensgrundlage und verlangt deshalb Sorge und Achtsamkeit.

Die Geschichte mit den Seesternen

*Ein kleiner Junge lief abends am endlosen Strand
entlang. Er bückte sich, nahm etwas auf und warf es
anschließend ins Meer: schöne, gestrandete Seesterne,
die er vor dem Austrocknen retten wollte. Der Strand
war übersät von ihnen.*

*Ein alter Mann fragte den Jungen »Warum tust du das?«
Da erklärte er ihm: »Ich rette die Seesterne.«*

*Der Mann entgegnete: »Aber Tausende von Seesternen
liegen hier. Was macht es für einen Unterschied, wenn
du dich abmühst?«*

*Der kleine Junge blickte auf einen Seestern in seiner Hand,
warf ihn schwungvoll ins Meer zurück und rief:*

*»Für diesen macht es einen Unterschied!« Er griff nach
den nächsten und schrie: »Und für diesen ... und diesen ...
und diesen auch!«*

Nach Viktor E. Frankl

SINNSPRUCH

*Wie Saitenspiel erklingt die Föhre auf dem Gipfel,
wenn der Wind durch die Zweige geht. Wo hat er diese
Kunst erlernt?*

Saigu No Nyogo

Achtsam im Umgang mit der Natur

Geh aus, mein Herz

» ... und suche Freud!« Sie kennen dieses Lied. Hören Sie es sich doch wieder einmal an. Es beschreibt die unerschöpfliche Fülle der Natur, die sich für jeden Menschen auf der Welt entfaltet. Wenn ich dieses Lied singe, überkommt mich immer so etwas wie ein heiliger Schauer, geprägt von Ehrfurcht vor der Natur. Zugleich wird mir immer wieder klar, wie lebenswichtig es ist, achtsam mit der Natur umzugehen. Umwelt und Ressourcen sind Lebensgrundlagen für die Gegenwart, aber auch für die Zukunft der Generationen nach uns.

Achtsamer Umgang mit der Natur bedeutet in Bezug auf den Einkauf:
- bewusst und mit allen Sinnen einkaufen,
- nur so viel einkaufen, wie man auch verbraucht,
- Produkte aus der Region bevorzugen,
- auf unnötige Verpackung achten,
- auf die Herstellung der Lebensmittel schauen.

Achtsamer Umgang mit der Natur bedeutet in Bezug auf die Essenszubereitung:
- eine dem Lebensmittel entsprechende Zubereitungsart wählen, damit Inhaltsstoffe erhalten bleiben,

◇ eine geringe Wassermenge zum Kochen verwenden,
◇ möglichst wenige Veränderungen am Lebensmittel
  durchführen (z. B. gekochte Kartoffeln mit mehreren
  Arbeitsgängen noch verfeinern) ...

Achtsamer Umgang mit der Natur bedeutet
in Bezug auf den Energieverbrauch:
◇ Gas oder Stromquellen ökonomisch einsetzen,
◇ beim Kochen den Topfdeckel nicht vergessen,
◇ Gartemperaturen nicht überziehen,
◇ Speisen nicht unnötig lange kochen lassen,
◇ Waschwasser von Salat und Gemüse zum Gießen
  der Blumen verwenden ...

Achtsamer Umgang mit der Natur bedeutet
in Bezug auf das Essen selbst:
◇ auf genügend Zeit achten,
◇ Störendes oder Ablenkendes möglichst ausschließen
  (also z. B. keine Zeitung nebenher lesen),
◇ das Essen auch für das Auge appetitlich anzurichten,
◇ auf einen schön gedeckten Essplatz Wert legen,
◇ eine kurze Atempause oder Stille unmittelbar vor dem
  Essen einlegen,
◇ dem (gegenseitigen) Wunsch nach »gutem Appetit«
  Ausdruck geben,
◇ Bissen für Bissen das Essen genießen,
◇ entsprechend kauen,
◇ den Geschmack auskosten ...

Es ist bereichernd, bewusst zu den Lebensquellen und Lebensmitteln zurückzukommen und die Geschenke der Natur achtsam wahrzunehmen!

Hörst, siehst und riechst du das?

Bewusst hörend und sehend die Natur erleben, erhöht die Ehrfurcht und Achtung vor diesem großen Geschenk und steigert das ganz persönliche Wohlgefühl. Denken Sie doch nur an die ersten sonnigen Tage nach dem Wintergrau. Da geht unser Herz auf, die Stimmung erhellt sich, die Augen sind nicht mehr auf den Asphaltboden gerichtet, sondern auf Bäume und Pflanzen, die Kommunikationsbereitschaft erhöht sich, die Menschen werden offener und freundlicher. Die Achtsamkeit vor dem Leben steigt. Nutzen Sie die Ressource Natur zur bewussten Lebensgestaltung!

Nehmen Sie die Umwelt mit allen Sinnen wahr und genießen Sie die Schöpfung!

Überall im Freien macht sich Natur hörbar. Überall kann man Zeit finden, um den Geräuschen aus der Natur das Ohr zu leihen:

◈ Hören Sie die Vögel? Welche sind das? Vielleicht können Sie diese nachahmen?

◈ Hören Sie die schnurrende Katze, das Blätterrauschen eines Baumes, den Wind, das Prasseln des Regens, den stillen Fall von Schneeflocken?

Seien Sie achtsam und lassen Sie mit allen Sinnen die Natur auf sich wirken:

Schließen Sie die Augen im Stehen oder Sitzen und versenken sich in die Natur, hören Sie konzentriert und intensiv auf das Murmeln eines Baches, das Geräusch von rollenden Steinen, das Rauschen des Windes, Bewegungen in einem Blätterdach, das Knarzen von Geäst oder das Anrollen und Abebben der Meereswellen, die Klänge, die die Natur erzeugt, Naturmusik ...

Konzentrieren Sie sich auf Gerüche:

◈ Wie riecht Frühling, frische Luft, quirliges Wasser, Gras, wie riecht ein Apfel?

Nehmen Sie all dieses in sich auf wie in eine Spardose. Zu gegebener Zeit, wenn alles grau und tot scheint, können Sie sich daran erinnern und Ihren Alltag bereichern.

Lenken Sie Ihre Aufmerksamkeit auch auf Hell und Dunkel: Ihre Augen achten auf sich in kurzer Zeit verändernde Lichteinfälle und Schattenwürfe.

◈ Welche Farben bergen Licht und Schatten, können Sie diese beschreiben?

Der wirkliche Apfel

Ein Mann der Feder, berühmt und bekannt
als strenger Realist,
beschloss, einen einfachen Gegenstand
zu beschreiben, so wie er ist:
einen Apfel zum Beispiel, zwei Groschen wert,
mit allem, was dazu gehört.

Er beschrieb die Form, die Farbe, den Duft,
den Geschmack, das Gehäuse, den Stiel,
den Zweig, den Baum, die Landschaft, die Luft,
das Gesetz, nach dem er vom Baume fiel …

Doch das war nicht der wirkliche Apfel, nicht wahr?
Denn zu diesem gehörte das Wetter, das Jahr,
die Sonne, der Mond und die Sterne …

Ein paar tausend Seiten beschrieb er zwar,
doch das Ende lag weit in der Ferne;
denn schließlich gehörte er selber dazu,
der all dies beschrieb, und der Markt und das Geld
und Adam und Eva und ich und du
und Gott und die ganze Welt …

Und endlich erkannte der Federmann,
dass man nie einen Apfel beschreiben kann.
Von da an ließ er es bleiben,
die Wirklichkeit zu beschreiben.
Er begnügte sich indessen
damit, den Apfel zu essen.

Die Wiese spüren

Suchen Sie sich eine Wiese, die Ihnen gefällt und stellen Sie sich dort fünf Minuten barfuß hin, sodass in Ihrer Vorstellung Ihre Füße Wurzeln schlagen können. Schließen Sie nach einer gewissen Zeit die Augen und fühlen Sie über Ihre Füße der Wiese nach:

- Wie viele Regentropfen, Sonnenstrahlen, Windbewegungen hat diese Wiese erlebt?
- Welche Erde hat die Grashalme als Samen geborgen und als Gras freigegeben?

Die Wiese und alles, was sie dazu gemacht hat, sind kostenlose Geschenke des Himmels. Durch Achtsamkeit gewinnen sie an Wert.

Die Natur, eine Wiese, der Himmel ... Orte, deren Anblick zum Innehalten einlädt.

Vorsatz für einen Tag

Lassen Sie heute das Auto einmal stehen, um Natur und
Umwelt zu schonen und bewusster wahrzunehmen.
Fahren Sie mit dem Fahrrad oder mit dem Bus – auch zu
Fuß gehen ist natürlich erlaubt ...

SINNSPRUCH

Gewöhnliche Tage, gewöhnliche Sonnenaufgänge,
Wolken und Regenschauer.
So viel Alltäglichkeit.
Und darin ich, ein alltäglicher Mensch.
Das Leben ist immer neu, aufregend und anders.
Alles hängt davon ab, einen Menschen zu finden,
der mir ein zweites Mal die Sonne zeigt,
den Mond und die Sterne.
Alles hängt davon ab, dass ich wieder sehen lerne.
Nicht mit den Augen, sondern mit dem Herzen.
Wolfgang Poeplau

Schneckenhaus-Meditation

Wenn Sie auf einem Spaziergang ein schönes
Schneckenhaus gefunden haben, dann heben Sie es
bitte auf, setzen Sie sich auf die nächste Bank, um es
genauer zu betrachten, konzentrieren Sie Ihr äußeres
und Ihr inneres Auge in aller Ruhe auf die Linienführung
des Gehäuses, indem Sie es langsam in der Hand hin
und her drehen und erfühlen.

Entdecken Sie eine Spirale, die in immer engeren
Windungen von außen nach innen führt, zur Mitte strebt
und von dort wieder nach außen, folgen Sie mit Augen
und Fingern ganz langsam dieser Linie,
in der Mitte angekommen – halten Sie inne und
atmen einmal tief ein und wieder aus,
dann treten Sie mit Augen und Fingern den Rückweg
nach außen an und verharren auch am Ende (Eingang)
des Schneckenhauses einen Atemzug lang.
Wiederholen Sie diese Übung mehrfach.
So wird das Schneckenhaus zum Wegweiser. Der achtsame Umgang mit ihm lässt Sie im Schweigen, Atmen
und Schauen nicht nur irgendeine, sondern Ihre eigene
Mitte entdecken, erspüren, Kraft schöpfen und danach
gestärkt wieder aufbrechen. Das Schneckenhaus – ein
Wegweiser und Sinnbild unseres Lebensweges.

Steine – Botschafter einer fernen Welt

Steine sind älter als die Menschheit. Dass nur Fach-
leute sie genau benennen, ihre Herkunft und ihr Alter
aufgrund der Beschaffenheit und Form eingrenzen
können, macht sie für uns so geheimnisvoll. Könnten
sie sprechen, würden sie zu Erzählern und Botschaftern
einer fremden und uns unbekannten Welt. Doch auch so
erregen sie unsere Neugier.
Nehmen Sie einen Stein, den Sie vielleicht von einem
Ausflug in die Natur oder einem Urlaub mit nach Hause
gebracht haben, oder den, der gerade in Ihrer Nähe liegt

und Ihnen gefällt, achtsam in Ihre Hand und befühlen
Sie ihn.

Spüren Sie seine Temperatur, Härte, Rundungen und
Kanten, betrachten und bestimmen Sie seine Farbe,
Form und sonstige Beschaffenheit und überlegen dann
weiter:

- ◈ Wie viele Jahrtausende hat er wohl schon hinter sich?
- ◈ Wie kam er gerade zu dieser Form?
- ◈ Welche Kräfte haben ihn so werden lassen?
- ◈ Wo und wie kam er gerade hierher?
- ◈ War er wohl Teil eines riesigen Berges, der abbröckelte
   oder Teil eines tiefen Meeres, das verschwunden ist?
   Vielleicht beides?
- ◈ Wozu könnte er taugen? Was könnten Sie mit ihm oder
   aus ihm machen?
- ◈ Muss unbedingt etwas mit ihm gemacht werden oder
   genügt es, dass er so ist, wie er ist?

Wenn der Stein sprechen und erzählen könnte, würde er
die gleichen Fragen in ähnlicher Weise vielleicht an Sie
stellen. Versuchen Sie, ihm eine Antwort zu geben, auch
wenn er Sie nicht direkt fragen kann.

Achtsam sein für das ganz Andere und den Kosmos

Wagen Sie ab und an den Blick über den Tellerrand und schauen Sie auf das, was uns ausmacht, was uns lenkt, was unseren Geist nährt?

Loslassen

Ein Mann fragte einen Eremiten, wie er den Sinn seines Lebens finden könnte. Er war erstaunt, als er nur ein einziges Wort zur Antwort bekam: »Nichts.« Das ging auch in den folgenden Tagen so, in denen er die Gastfreundschaft und die Stille der Einsiedelei genoss. Auf seine drängenden Fragen erhielt er nur das eine Wort: »Nichts.« Nach sieben Tagen nahm ihn der Einsiedler in den Arm und sagte: »Zwölf Speichen gehören zu einem Rad, doch erst durch das Nichts in der Mitte kann es sich drehen. Zwei Hände voll Ton braucht es für einen Krug, doch erst sein Nichts macht ihn zu dem, was er sein soll. Dieses Haus habe ich mit eigenen Händen errichtet, Stein auf Stein, Ziegel für Ziegel; doch erst durch das Nichts dazwischen schenkt es uns Geborgenheit.« Der Einsiedler beendete seine Gedanken: »Der Sinn des Lebens besteht nicht in dem, was ist und was du hast, sondern durch das, was nicht ist und was du loslässt.«

Quelle unbekannt

SINNSPRUCH

Jeder Mensch, sei er Atheist, Buddhist, Hindu, Moslem oder Christ, besitzt die Fähigkeit, achtsam zu sein, im jetzigen Augenblick die ganze Tiefe der Wirklichkeit zu erleben und sich so die Quelle der Weisheit und der Liebe zu öffnen.

Matthias Stöbener © 2002 Pattloch Verlag, München

Über sich hinaus – in die Tiefe wachsen

Achtsamkeitsmeditation

Reservieren Sie sich jeden Tag 20 Minuten, in denen Sie ungestört, ganz allein für sich und Ihre persönlichen Bedürfnisse da sein können. Sie richten sich in Ihren vier Wänden einen Platz ein – und sei er auch noch so klein –, der Freiheit atmet und nicht ablenkt.

Es bleibt Ihnen überlassen, ob Sie einen Meditations-hocker verwenden, ein Kissen oder einen einfachen Stuhl. Es ist Ihre Entscheidung, ob Sie vor Beginn eine Kerze entzünden, ob Sie eher im Hellen oder Halbdunkel sitzen wollen, im Lotussitz oder einfach so, wie es für Sie bequem ist.

Gleichermaßen wichtig ist der immer gleiche Ablauf, der aus der Übung ein persönliches Ritual werden lässt: Verneigen Sie sich vor dem Leben und dem Sein, das Sie umgibt und einhüllt. Setzen Sie sich so auf den Stuhl, dass Sie nur die vordere Sitzfläche einnehmen und Ihre Füße guten Bodenkontakt haben; hocken Sie auf einem Kissen im Lotussitz, sollten die Knie Kontakt zum Boden haben. Legen Sie Ihre Hände flach und locker auf die Oberschenkel und richten Sie Ihren Oberkörper und den Kopf auf, sodass die Wirbel des Rückgrats wie Glieder einer Perlenkette aufeinander ruhen. Pendeln Sie lang-sam nach vorn, nach hinten und zu den Seiten, bis Sie

die Stellung gefunden haben, die Ihnen lieb ist und die
Sie längere Zeit einnehmen können.

Schlucken Sie einmal. Schauen Sie geradeaus und
schließen Sie die Augen halb, achten Sie nun auf Ihren
Atem, wie er kommt und wie er geht, ohne ihn bewusst
zu lenken.

Es kann hilfreich sein, innerlich ganz langsam die Formel
zu sprechen: »Loslassen (ausatmen) – eins werden lassen (ausatmen) – neu werden lassen (einatmen).«
Lassen Sie Ihre Gedanken und Gefühle vorbeiziehen.

Nach ca. 20 Minuten öffnen Sie Ihre Augen, schlucken,
drehen den Kopf nach rechts und nach links, verneigen
sich und stehen langsam wieder auf.

Buddhistische Mönche vollziehen diese Achtsamkeits-
meditation siebenmal am Tag.

*Die Sitzhaltung ist bei der Meditation nicht entscheidend, kann
aber die Konzentrationsfähigkeit beeinflussen.*

Verlangen nach mehr?

Im Vipassana-Buddhismus und im Zen sind Achtsamkeitsübungen im Alltag der Weg, um Einsicht in die
wahre Realität oder Wertigkeit der Dinge zu gewinnen und ihre Leere zu erkennen. Egal, ob es sich um
eine Atemmeditation handelt oder um das achtsame,
verlangsamte Abspülen und Trocknen des Essgeschirrs.
Es geht darum, das Anhaften des eigenen Ichs an seine
Gedanken und Gefühle zu lösen; denn dieses Anhaften
erzeugt aus buddhistischer Sicht Leiden, das es zu über-
winden gilt.

SINNSPRUCH

*Der Sinn der Übung im Zen ist nicht eine Zunahme an
Wissen oder Können, die dem alten Menschen zugute-
kommt, sondern ein Neuwerden durch das Erwachen
des Menschen zu seinem Wesen und seine Verwandlung
aus diesem Wesen heraus. So kreist alle Übung um
den Wendepunkt voller Menschwerdung, um Satori,
die Große Erfahrung, in der das alte Ich eingeht, das
Wesen aufgeht in die Welt, um in ihr in neuer Weise
erkennend, gestaltend, liebend vom Sein zu zeugen.*
Karlfried Graf Dürckheim

Diesem Ziel dient alles Üben im Zen, im Hata-Yoga, im
Bogenschießen, Schwertfechten, Speerstoßen oder auch
die Rituale einer Teezeremonie oder die Konzentration

beim Blumenstecken. Immer geht es darum, dass sich ein Mensch – in unermüdlicher Übung – seines ängstlichen, um den Erfolg bangenden, nach der Aufmerksamkeit anderer heischenden Ichs entledigt und zum Werkzeug einer tieferen Kraft wird – sich also dem in ihm ans Licht drängenden Sein zur Verfügung stellt und eins mit ihm wird. Dazu ist es allerdings wichtig, sich in die Lehre bei einem Meister zu begeben (vgl. Adressen im Anhang).

All-eins-sein

»Ich verbrachte vor einigen Jahren meinen Urlaub auf der kleinen Insel Gozo. Himmel und Meer glänzten tiefblau. Es war warm und windstill. Ich ließ mich sanft ins Wasser gleiten. Ohne weitere Bewegungen legte ich mich auf die Wasseroberfläche mit Taucherbrille und Schnorchel. Tiefes Blau umgab mich – über wie unter mir. Auf einmal sah ich unter mir einen Schwarm bunter Fische. Ich hielt erst den Atem an, um sie ja nicht zu vertreiben. Dann atmete ich ruhig weiter, wie ich es in der Zen-Unterweisung gelernt hatte, und es befiel mich ein unbeschreiblich schönes, starkes All-Einheits-Gefühl: Plötzlich war ich ein Teil des Meeres, Teil des Fischschwarms unter mir und Teil des Kosmos über mir – Teil des lebendigen Seins.«

Wenn Sie können, setzen Sie sich auf die Fährte des jungen Mannes und folgen seiner Beschreibung. Vielleicht machen Sie die gleiche beglückende Erfahrung ...

Alles in einer Rosine?

Nehmen Sie eine Rosine in die Hand, schauen Sie diese so genau an, als wäre es die erste, welche Sie in Ihrem Leben sehen. Betasten Sie die vielen Falten der Rosine, riechen Sie daran. Dann nehmen Sie die Rosine in den Mund, kosten sie erst auf der Zunge, kauen sie dann langsam und achten darauf, wie sie ihren Geschmack verströmt. Ahnen Sie nun über Ihre Sinneseindrücke, dass in einer Rosine ein ganzes Universum, ein ganzer Mikro-Kosmos enthalten ist?

SINNSPRUCH

Achtsames Essen verbindet uns mit der Nahrung, die uns von der Natur, den Lebewesen und dem Kosmos geschenkt wird, und drückt unsere Dankbarkeit aus.
Thich Nhat Hanh

Stille und Schweigen üben

Als der Königsweg, um dem Geheimnis des Lebens auf die Spur zu kommen, gelten in allen Religionen der Welt das Schweigen und die Stille. Wenn Sie z. B. im Urlaub am Meer, bei einem Spaziergang im Wald oder bei einer Wanderung an einem Flusslauf entlang das Gefühl haben: »Jetzt hüllen mich Schweigen und Stille ganz wohltuend ein!«, dann können Sie eine Pause einlegen und einen der folgenden Texte mehrfach lesen, auf sich wirken lassen:

Nur im ruhigen Teich spiegelt sich das Licht der Sterne.
Chinesische Weisheit

Die Stille ist nicht auf den Gipfeln der Berge.
Der Lärm nicht auf den Märkten der Städte.
Beides ist in den Herzen der Menschen.
Laotse

Im östlichen Geist ist etwas von großer Stille,
ein Unzerstörbares,
so als blicke er immer in die Ewigkeit.
Diese Stille ist nicht die Abwesenheit vom Leben.
Es ist vielmehr die Stille eines Abgrundes der Ewigkeit,
darin alle Dinge begraben sind.
Es ist wie das Schweigen Gottes,
der tief in der Schau seines Vergangenheit, Gegenwart
und Zukunft umgreifenden Werkes in seiner Einheit
und Allheit thront.
Wer diese Stille für Verwesung und Tod nimmt,
wird erstaunt sein über den überwältigenden Ausdruck
an Aktivität,
die aus diesem ewigen Schweigen hervorbrechen kann.
Daisetz Suzuki

Der Prophet Elija war in eine Höhle geflohen. Dort hatte er die Gotterfahrung seines Lebens.

»Ein starker, heftiger Sturm, der die Berge zerriss und die Felsen ging dem Herrn voraus. Doch Gott war nicht im Sturm. Nach dem Sturm kam ein Erdbeben. Doch Gott war nicht im Erdbeben. Nach dem Beben kam ein Feuer. Doch Gott war nicht im Feuer. Nach dem Feuer kam ein sanftes, leises Säuseln.

Als Elija es hörte, hüllte er sein Gesicht in den Mantel, trat hinaus und stellte sich an den Eingang der Höhle.«

1 Könige, 19

Versuchen Sie, eine Weisheit, einen Satz aus dieser Auswahl achtsam mit Ihrer Lebenssituation und mit sich selbst in Einklang zu bringen und für diesen Tag mitzunehmen auf Ihren Weg. Wenn Sie eher einen Widerspruch spüren, dann nehmen Sie diesen mit. Rufen Sie die Resonanz öfters wach, um weiter daran zu wachsen.

Der Wald ist ein wunderbarer Ort, um zu sich zu finden.

Kloster auf Zeit

In den fernöstlichen Ländern ist es ganz normal, dass junge Menschen ein oder mehrere Jahre in einem hinduistischen oder buddhistischen Kloster leben und sich auf die Suche nach dem Sinn des Lebens begeben. Es ist ein Weg, um über sich selbst hinaus in die Tiefe zu wachsen. In Europa, insbesondere in Deutschland, laden viele Ordensgemeinschaften zu einer gezielten Auszeit in Form von »Kloster auf Zeit« ein, damit suchende Menschen an einer Lebenswende, in einer schwierigen Lebensphase oder nach einem Schicksalsschlag ihrem Leben eine neue Richtung geben können. Ein Beispiel dafür sind die Benediktiner in der Cella St. Benedikt in Hannover. Wer dort ankommt, erhält ein Zimmer, Verpflegung, kann an den Gebetszeiten und der täglichen Arbeit teilnehmen und nach dem Grundsatz der Ordensregel »Ora et labora – Bete und arbeite« leben. Gäste können auch um spirituell-begleitende Gespräche bitten.

Wenn Sie die dortige Klosterzelle auf Zeit betreten,
finden Sie auf Ihrem Schreibtisch die folgende Einladung:
*»Wer da bedrängt ist, findet Mauern, ein Dach und muss
nicht beten.*
Lieber Gast, lieber Wanderer auf dem Weg,
wir freuen uns, dass wir Ihnen Rast anbieten können.
Unser Zusammentreffen an diesem Ort kann dazu führen,
miteinander Leben zu teilen, das Gespräch, die Stille,
die Mahlzeiten, das Gebet, die Freude, die Traurigkeit …
Die Cella wird das sein, was wir gemeinsam tun.«
Unter den Gebetstexten der Cella finden Sie einen
Abschnitt über den Sinn des Acht- und Wachsamseins
der Mönche. Er beschreibt am klarsten, worauf es Men-
schen ankommt, die im Kloster leben:
»Jemand muss zu Hause sein, Herr, wenn du kommst.
Jemand muss dich erwarten, unten am Fluss vor der Stadt.
Jemand muss Ausschau halten Tag und Nacht.«

Aus einem alten Schatz schöpfen

Die Bibel des Alten Testaments enthält eine Quelle, aus der Menschen seit mindestens drei Jahrtausenden schöpfen, wenn sie die eigene Sprachlosigkeit oder ihr Durst nach Leben dazu treibt: das Buch der Psalmen. Im Judentum wie im Christentum sind die Psalmen ein fester Bestandteil des gottesdienstlichen Feierns und des geistlichen Lebens – vor allem der Mönche und Nonnen. Es sind Liedtexte für alle Gefühlslagen vom überwältigten Staunen bis zur tiefsten Verzweiflung – geboren aus dem inneren Drang, das Widerfahrene in Worte zu fassen, zu loben, zu klagen, zu schreien, zu danken, zu bitten und zu betteln und wieder zu vertrauen. Die Psalmen sind bis heute ein reicher, unerschöpflicher Wort- und Lied-Schatz für alle, die um Worte ringen, welche ihre persönliche Situation zutreffend beschreiben, und die den Bezug zur Transzendenz suchen.

Die folgende Übung lädt Sie dazu ein, mit Psalmversen auf innere Entdeckungsreise zu gehen und sich hellhörig einem persönlichen Test zu unterziehen. Lesen Sie die Auswahl erst leise, dann laut und fragen Sie sich:

◇ Stoßen diese Zeilen in meinem Innern auf Resonanz?
◇ Lösen sie einen Impuls aus, sie nachzusprechen und auszugestalten?
◇ Welche Verse treffen mich am meisten?

Markieren Sie einen Vers und gestalten Sie ihn in der gleichen Weise wie in der Übung »Ruhe finden durch Lesen, Sprechen, Schreiben, Malen« (siehe Seite 44).

Seh' ich den Himmel, das Werk deiner Finger,
Mond und Sterne, die du befestigst: Was ist der Mensch,
dass du an ihn denkst, dass du dich seiner annimmst?
Psalm 8

Du führst mich hinaus ins Weite, du machst meine
Finsternis hell. Du schaffst meinen Füßen weiten Raum,
meine Knöchel wanken nicht. Mit dir erstürme ich Wälle,
mit meinem Gott überspringe ich Mauern!
Psalm 18

ER ist mein Hirte, nichts wird mir mangeln.
ER lässt mich lagern auf grüner Au.
ER führt mich zum Ruheplatz am Wasser.
ER stillt mein Verlangen.
Psalm 23

Der Herr ist mein Licht und mein Heil, vor wem sollte
ich mich fürchten? Der Herr ist die Kraft meines Lebens,
vor wem sollte mir bangen? Hab festen Mut und hoffe
auf den Herrn.
Psalm 27

Mein Gott, mein Gott, warum hast du mich verlassen,
bist fern meinem Schreien, den Worten meiner Klage?
Mein Gott, ich rufe bei Tag, doch du gibst keine Antwort;
ich rufe bei Nacht und finde keine Ruhe.
Psalm 22

*Hilf mir, o Gott! Schon reicht mir das Wasser bis
an den Hals. Ich bin im tiefen Schlamm versunken und
habe keinen Halt mehr, die Strömung reißt mich fort.*
Psalm 69

*Er griff aus der Höhe herab und fasste mich,
zog mich heraus aus gewaltigen Wassern.
Er entriss mich meinen mächtigen Feinden,
die stärker waren als ich und mich hassten.*
Psalm 18

*Die mit Tränen säen, werden ernten mit Jubel.
Sie gehen hin unter Tränen und tragen den
Samen zur Aussaat. Sie kommen wieder mit Jubel
und bringen die Garben ein.*
Psalm 126

*Lobe den Herrn, all seine Engel, lobt ihn, all seine Scharen;
lobt ihn Sonne und Mond, lobt ihn ihr leuchtenden Sterne,
lobt ihn alle Himmel und ihr Wasser über dem Himmel.
Lobt den Herrn, ihr auf der Erde, ihr Könige der Erde und
alle Völker, ihr Alten mit den Jungen. Alles, was atmet, lobe
den Herrn! Halleluja!*
Psalm 148 – Psalm 150

Heiliger Ort

SINNSPRUCH

An dem Ort der Begegnung mit anderen Menschen,
einer anderen Kultur, einer anderen Religion
sollten wir als Erstes unsere Schuhe ausziehen;
denn der Ort, den wir betreten, ist heilig.
Sonst könnten wir uns dabei ertappen,
wie wir die Träume von anderen zertreten.
Noch schlimmer: Wir könnten vergessen,
dass Gott schon vor unserer Ankunft hier war.
Dom Helder Camara

Dem brasilianischen Erzbischof Dom Helder Camara
eilte der Ruf voraus, eine prophetische Gestalt zu sein.
Er verstand sich selbst als Bischof der kleinen und
armen Leute in den Favelas von Recife. Er verließ seine
erzbischöfliche Residenz und lebte im Seitenraum der
Bischofskirche. Überall trat er ein für gegenseitige Achtung und Verständigung. Entgegen der Drohung eines
»Zusammenstoßes der Zivilisationen« warb er für ein
achtsames, friedliches Zusammenleben aller Menschen,
Kulturen und Religionen: Ein Zusammenleben, das um
die Unterschiede weiß, diese aber nicht zur Kampfan-
sage nutzt, sondern als Reichtum wertschätzt. Er fordert
auf, ehrfürchtig, die Schuhe auszuziehen – wie Mose
bei der Gottesbegegnung am brennenden Dornbusch.

Daraus lässt sich diese Übung gestalten, die sich in
jeder Moschee, in jeder christlichen Kirche und in jeder
hinduistischen oder buddhistischen Tempelanlage
realisieren lässt, sofern deren Tore für Menschen aller
Nationen und Glaubensrichtungen offen stehen:
Verneigen Sie sich im Türbogen, treten Sie zur Seite,
legen Sie Ihre Schuhe ab, verstauen Sie diese im Gepäck,
erheben Sie sich und wenden Sie sich schweigend mit
allen Sinnen diesem Ort zu, erspüren Sie mit Ihrem
Herzen seine Würde, Andersartigkeit und den Geist,
der ihm innewohnt, bereiten Sie sich innerlich auf
die Begegnung und Begehung vor, suchen Sie über
Ihre Fußsohlen den Kontakt zum Boden, stehen Sie
aufrecht und strecken Sie Ihren Scheitel himmelwärts,
sobald Sie den inneren Impuls zum Gehen fühlen,
umschreiten Sie den gesamten Raum in einer Schreite-
Meditation, wobei Sie die Fußsohle jeweils gleichmäßig,
in großer Ruhe abrollen und mit der nötigen Gewichts-
verlagerung in kleinen, langsamen Schritten vorwärts
gehen – in stetem, festem Boden- und »Himmels«-
Kontakt.
Sie gehen, bis Sie wieder am Ausgangspunkt angelangt
sind.
Halten Sie dann inne, spüren die Gesamtwirkung
der Begehung, verneigen Sie sich vor dem Geist und
der Kraft, die alles erfüllt. Ziehen Sie Ihre Schuhe an
und verlassen Sie den Ort der Begegnung von Himmel
und Erde.

Anstelle eines Nachwortes

Desiderata – Wünschenswertes

Gehe gelassen inmitten des Lärms und der Eile und
*   besinne dich,*
was für einen Frieden die Stille bergen kann.
Trachte nach möglichst guter Beziehung zu allen
*   Menschen,*
ohne dich selbst dabei zu verlieren.
Sprich deine Wahrheit ruhig und klar aus; und höre
*   anderen zu,*
sogar den Geistlosen und Unwissenden, auch sie haben
*   ihre Geschichte.*
Meide laute und aggressive Menschen, sie sind eine
*   Qual für den Geist.*
Wenn du dich mit anderen vergleichst,
kannst du bitter werden und dir nichtig vorkommen;
denn immer wird es jemanden geben, größer oder
*   geringer als du.*
Erfreue dich an dem Erreichten genau so wie an
*   deinen Plänen.*
Sorge für deinen eigenen Werdegang,
wie bescheiden er auch sei,
er ist ein echter Besitz im Wandel der Zeit.
Sei behutsam in deinen geschäftlichen Angelegenheiten,
denn die Welt ist voller Betrug.
Aber lass dich davon nicht blenden,
es gibt auch reichlich Tugend;

viele streben nach hohen Idealen;
und überall ist das Leben voller Heldentum.
Sei du selbst.
Besonders sollst du keine Gefühle vortäuschen.
Ebensowenig sollst du der Liebe spotten;
denn angesichts der ganzen Dürre und Enttäuschung
   ist sie doch beständig wie das Gras.
Sei offen für den Rat der Jahre,
die Dinge der Jugend lass in Würde los.
Stärke die Kraft des Geistes, damit sie dich im
   unerwarteten Unglück schütze.
Aber quäle dich nicht mit Einbildungen.
Viele Ängste kommen aus Erschöpfung und
   Einsamkeit.
Neben einem gesunden Maß an Disziplin sei gütig dir
   selbst gegenüber.
Du bist ein Kind des Universums, nicht geringer als die
   Bäume und die Sterne;
du hast ein Recht darauf, hier zu sein.
Und ob es dir bewusst ist oder nicht,
das Universum entfaltet sich zweifellos gemäß einer
   Vorsehung.
Darum sei in Frieden mit Gott, wie du ihn dir auch
   immer vorstellen magst.
Und bewahre dir trotz aller Anstrengungen und
   Bestrebungen
den Frieden deiner Seele im lauten Durcheinander
   des Lebens.

*Mit seiner ganzen Täuschung, Mühsal und zerstörten
    Träumen*
ist es doch eine schöne Welt.
Sei achtsam. Strebe danach, glücklich zu sein.

Um die Entstehung dieses Textes rankt sich die Legende,
er stamme von einem unbekannten Autor – aus dem
Jahre 1692 – und sei in der Old St. Paul's Church in Balti-
more auf einem Stein gefunden worden. Tatsächlich hat
der deutsch-amerikanische Schriftsteller Max Ehrmann
in Terre Haute, Indiana, die beeindruckenden Zeilen
1927 ohne Titel verfasst.
In »The Poems of Max Ehrmann« wurden sie aber erst
drei Jahre nach seinem Tod im Jahr 1948 von seiner
Witwe veröffentlicht.
1956 wurden sie in ein Büchlein (»The Desiderata Book-
let«) der Old St. Paul's Church (gegründet 1692) aufge-
nommen. Dem Moderator Les Crane wurde 1971 für
eine gesprochene Version des Textes ein Grammy Award
verliehen.

Literaturverzeichnis

Brück, M. von: *Zen: Geschichte und Praxis.*
Reihe: BeckWissen. München 2007

Contzen, C./Poeplau, W.: *Geh durch das Tor zum Leben.*
Freiburg i. Br. 1983 (Seite 99)

Dürckheim, Graf K.: *Zen und wir.* Weilheim 1991
(Seite 107)

Färber, M./Lutz, M.: *… plötzlich mit dem
Tod konfrontiert.* München 2014

Frankl, V. E.: *… trotzdem Ja zum Leben sagen.*
5. Auflage. München 1981

Hinze, F.: *Acht Schritte zur Achtsamkeit.
Ein Buch zum Tun und Lassen.* Göttingen 2013

Hocke R. und A.: *Das Große Michael Ende Lesebuch.*
München 2004 (Seite 97)

Huth, A. und W.: *Meditation. Begegnung
mit der eigenen Mitte. Einführung und Anleitung.*
10. Auflage. München 1998

Jäger, W.: *Die Welle ist das Meer: Mystische
Spiritualität.* Freiburg i. Br. 2007

Johannes XXIII.: *Jetzt ist die Zeit. 10 Atempausen
für die Seele.* Leipzig 2013

Johnen, W.: *Muskelentspannung nach Jacobson.*
9. Auflage. München 1999

Kluge, F.: *Etymologisches Wörterbuch der deutschen
Sprache.* Berlin 1989

Küstenmacher, M. und W.: *Energie und Kraft durch Mandalas*. München 2006

Lassalle-Enomiya, H. M.: *Zen-Unterweisung*. 5. Auflage. München 1987

Lehrhaupt, L.: *Die Wellen des Lebens reiten. Mit Achtsamkeit zu innerer Balance*. 2. Auflage. München 2013

Lukas, E.: *Wie Leben gelingen kann*. 3. Auflage. Stuttgart 1981

Maschwitz, G. und R.: *Spirituelle Sterbebegleitung*. Murnau 2013

Peseschkian N.: *Der Kaufmann und der Papagei. Orientalische Geschichten in der Positiven Psychotherapie*. 30. Auflage. Frankfurt am Main 2009 (Seite 48 f.)

Stöbener, M.: *365 Momente der Achtsamkeit*. München 2002

Sudbrack, J.: *Meditative Erfahrung – Quellgrund der Religionen?* Mainz 1994

Suzuki, D: *Die Große Befreiung*. Zürich 1958 (Seite 110)

Tolle, E.: *Stille spricht. Wahres Sein berühren*. München 2003 (Seite 45)

Weidinger, N.: *Die Weisheit der Klöster*. Augsburg 2005

Wiesel, E.: *Chassidismus – ein Fest für das Leben*. Freiburg i. Br. 1988

Adressen und Internetseiten

Neben den vorgenannten Büchern bietet sich die Internetsuche an, um sich weiter in Achtsamkeit vertiefen zu können.

Besonders empfehlenswert ist die Seite www.zeitblueten.com (Burkard Heidenberger).

Benediktinerabtei Königsmünster
Klosterberg 11, 59872 Meschede, Postfach 1161
Tel.: 02 91/2 99 50
www.koenigsmuenster.de

Benediktushof (Willigis Jäger),
Klosterstr. 10, 97292 Holzkirchen/Unterfranken
Tel.: 0 93 69/98 38-0
www.benediktushof-holzkirchen.de

Lassalle-Haus, Bad Schönbrunn
CH-6311 Edlibach
Tel.: +41/41/7 57 14 14
www.lassalle-haus.ch

MBSR (= Mindfulness Based Stress Reduction)-Verband
Muthesius Str. 6, 12163 Berlin
Tel.: 0 30/79 70 11 04
www.mbsr-verband.org

Meditationshaus St. Franziskus
Klostergasse 8, 92345 Dietfurt an der Altmühl
Zen im Franziskaner-Kloster
Tel.: 0 84 64/65 20
www.meditationshaus-dietfurt.de

Missionsbenediktiner Münsterschwarzach
Schweinfurterstr. 40, 97359 Münsterschwarzach
Tel.: 0 93 24/2 00
www.abtei-muensterschwarzach.de

Register

Unsere Kompakt-Ratgeber

Dr. Günter Harnisch
Chia
ISBN 978-3-86374-202-7

Dr. Barbara Rias-Bucher
Smoothies
ISBN 978-3-86374-164-8

Dr. Li Wu / Jürgen Klitzner
Heiltees
ISBN 978-3-86374-184-6

Weitere Titel aus unserer Kompakt-Reihe:

Rose Marie Donhauser
Vegan kompakt
ISBN 978-3-86374-252-2

Birgit Frohn
Das kleine Buch der Hausmittel
ISBN 978-3-86374-264-5

Dr. Günter Harnisch
Moringa oleifera
ISBN 978-3-86374-193-8

Maria Lohmann
Laborwerte verstehen
ISBN 978-3-86374-158-7

Petra Neumayer
Heilen mit Zahlen
ISBN 978-3-86374-208-9

P. Neumayer / R. Stark
Medizin zum Aufmalen
ISBN 978-3-86374-132-7

Dr. Barbara Rias-Bucher
Garten-Smoothies
ISBN 978-3-86374-199-0

Dr. Barbara Rias-Bucher
Winter-Smoothies
ISBN 978-3-86374-181-5

Anna Elisabeth Röcker
Heilen mit Bachblüten
ISBN 978-3-86374-161-7

Herbert Schwinghammer
Knigge kompakt
ISBN 978-3-86374-258-4

Prof. Dr. J. Spitz / W. B. Grant, Ph. D.
Vitamin D. Das Sonnenhormon
ISBN 978-3-86374-178-5

Hermann Straubinger
Säure-Basen-Balance
ISBN 978-3-86374-255-3

Andreas Winter
Abnehmen ist leichter als Zunehmen
ISBN 978-3-86374-126-6

A. Wolffskeel von Reichenberg
Die 12 Salze des Lebens
ISBN 978-3-86374-129-7

Dr. med. Eberhard Wormer
Fibromyalgie
ISBN 978-3-86374-211-9

Dr. med. Eberhard Wormer
Hashimoto
ISBN 978-3-86374-175-4

Unsere Bücher erhalten Sie bei Ihrem Buchhändler! Besuchen Sie auch unsere Internetseite mit Bestellmöglichkeit, Internetforum, Leseproben, Veranstaltungstipps und Newsletter: **www.mankau-verlag.de**